AF201086

# Potsdam

## lieben lernen

*Der perfekte Reiseführer für einen unvergesslichen Aufenthalt in Potsdam inkl. Insider-Tipps und Packliste*

Laura Blumenberg

FSC
www.fsc.org

MIX

Papier aus ver-
antwortungsvollen
Quellen

Paper from
responsible sources

FSC® C105338

# ✈ INHALT

Vorwort     2

Die Entstehung Potsdams – eine
Kurzfassung     6

Potsdams Stadtteile     10

    *Der heimliche Favorit BabelsbergDer*    24

Schlösser, Parks und anderes     30

Natur und andere schöne Dinge     33

„Land und Leute"     41

Potsdamer Redewendungen     45

    *Schrippe und Pfannkuche*   45

    *Der Potsdamer Postkutscher*   46

    *Dreiviertel Zehn*   47

    *Wer soll sowas auch wissen?*   47

Kulinarische Köstlichkeiten     49

# Freizeitaktivitäten in Potsdam 55

*Ruhe bitte – Ton, Kamera uuuuuund Action!* 56

*Wasseraction Ahoi!* 59

*Diki Tours – das etwas andere Boot* 60

*Surfen wie auf Hawaii* 62

*Wasserski und Wakeboarden* 63

*Kanu-Rundtour* 64

*Hoch hinaus* 65

*Eine Frage des Glücks? – Glücksspiel in Potsdam* 66

# Filmgeschichte in Potsdam 68

# Unterwegs in Potsdam 72

# Veranstaltungstipps 75

*Schlösser laufend erleben* 76

*Potsdamer Schlössernacht* 79

*Nächtliche Schlösserfahrt auf der Havel* 80

*Potsdamer Lichtspektakel* 81

*Stadtwerkefest* 82

*Feuerwerkersinfonie* 84

*Potsdamer Erlebnisnacht* 85

*Biosphäre Potsdam* 85

*Koi Fütterung* 87

*Seniorentag in der Biosphäre* 87

*Discoparty auf der Havel* 88

*Potsdam früher*    89

Geheimtipps für die Übernachtung    90

Zusammenfassung    93

Packliste    95

# Vorwort

**D**ie meisten Menschen denken zuerst an die Schloss- und Parkanlagen, insbesondere an Sanssouci, wenn sie an Potsdam denken. Wahrlich ist der Schlösser-Reichtum Potsdams, mit immerhin 15 Schlössern allein in Potsdam und 7 Schlössern rund um Potsdam, einer der Hauptgründe, wieso diese Stadt bei jährlich fast einer Million Touristen so beliebt ist. Doch neben den Schlössern, die sogar weit über die deutschen Grenzen hinaus bekannt sind, hat dieses Fleckchen Erde am Rande Berlins noch sehr viel mehr zu bieten. Denn neben zahlreichen Gewässern, einem reichen

Kultur- und Freizeitangebot, namhaften Einwohnern und wunderschönen Gebäuden, kommt man hier, im Herzen Brandenburgs, auch kulinarisch voll und ganz auf seine Kosten. Egal ob regional, spanisch, italienisch, französisch, amerikanisch, russisch, thailändisch, asiatisch oder kroatisch – Potsdam bietet jedem Gusto das passende Restaurant. Wer dabei auch einen Blick über den Tellerrand wagt, der wird, neben dem wunderbaren Essen, auch das Ambiente vieler Restaurants zu schätzen wissen. So rühmt sich das Avendi Hotel am Griebnitzsee mit einem fantastischen Blick über das Wasser, das Restaurant Mövenpick mit seiner Ansiedlung an der historischen Mühle und das Restaurant Sanssouci mit seinem edlen Interieur ganz im Stile eines Schlosses.

Wäre dies ein normaler Reiseführer, würden hier jetzt Fragen stehen, die schon einmal anreißen worum es in diesem Schriftstück geht, wie zum Beispiel: Wie entstand diese wunderschöne Stadt? Wie erlangte sie ihren Namen? Welche Kultur hat „Land und Leute" geprägt? Gab es berühmte Personen die in Potsdam geboren wurden? Aber mal ganz ehrlich – wollen Sie das wirklich wissen? Ich verrate Ihnen was ich denke: Wer Potsdam nur aus der typischen Touristensicht betrachtet und sich lediglich an die Empfehlungen der gängigsten Reiseführer hält, der wird sicherlich nach dem Besuch von Sanssouci und Co. überwältigt sein von all dem Prunk und Protz und der schieren Größe der Schlösser und der Räume darin.

Aber ist das etwas, was Sie mit nach Hause nehmen möchten? Ich empfehle all jenen Touristen, die vielleicht nicht nur wegen der Kultur und der Geschichte nach Potsdam kommen, das wahre Potsdam kennenzulernen. Und glauben Sie mir – das schaffen Sie nicht indem Sie Schlössertouren oder Stadtführungen mitmachen. Das wahre Potsdam lernen Sie nur kennen, wenn Sie an die Orte gehen, wo die Potsdamer sich gern aufhalten und wo man das wahre, das echte Potsdam erleben kann. Das Potsdam, das lebt, das pulsiert und das einem die Eindrücke vermittelt, die man tatsächlich mit nach Hause nimmt und auch über Jahre hinweg in Erinnerung behält.

Und genau dafür ist dieser, etwas andere, Reiseführer da. Er soll Ihnen die Stadt zeigen, wie sie wirklich ist. Dieser Reiseführer soll Ihnen natürlich auch ein

Stück weit die Kultur Potsdams näher bringen und es werden hier auch Empfehlungen für die „Standard-Touri-Touren" genannt, aber all das sollte niemals die komplette Zeit in Anspruch nehmen, die Sie in Potsdam verbringen. All diese Touristenattraktionen sind eher „Beikost". Die Hauptbeschäftigung für Sie als Besucher dieser tollen Stadt sollte es sein, die Menschen Potsdams kennenzulernen. Und wenn Sie Glück haben, können Sie Geschichte, Kultur und das wahre Potsdam miteinander verbinden, denn nicht selten trifft man bei solchen Ausflügen der anderen Art das „Urgestein" Potsdams. Menschen, die schon ihr ganzes Leben lang in Potsdam leben und Ihnen mehr erzählen können, als es alle Museumsführer zusammen jemals könnten...

Sie halten hier nun den Reiseführer in den Händen, in dem es eher weniger um schnöde Kultur und Sehenswürdigkeiten geht, sondern vor allem darum, wie Sie Ihren Besuch in Potsdam unvergesslich machen. Ganz persönlich - von einer Potsdamerin - für Sie. Mit Geheimtipps, Wanderrouten, „Places to be", Veranstaltungstipps und persönlichen Restaurantempfehlungen. Eben ein ganz *persönlicher* Stadtführer.

# Die Entstehung Potsdams

Es ist sicherlich für einen Geschichtsprofessor interessant zu wissen, wie diese Stadt entstand. Aber für einen Touristen, der das heutige Potsdam besucht, sind 99,9% der Dinge, die dazu führten, dass Potsdam heute ist wie es ist, absolut nicht mehr greifbar. Darum beschränke ich mich hier auf die gröbsten Informationen, die im Prinzip reichen, um einen ersten Eindruck von der Entstehung Potsdams zu bekommen. Potsdam ist die Landeshauptstadt Brandenburgs.

Mit knapp 180.000 Einwohnern, einer wundervollen Seen- und Naturlandschaft, fantastischer Architektur und unzähligen Freizeitangeboten, ist diese Stadt immer einen Städtetrip wert. Die Kulturlandschaften Potsdams wurden sogar zum größten zusammenhängenden UNESCO Weltkultur- und Naturerbe ernannt. Potsdam hieß ursprünglich „Poztupimi" und wurde erstmal im Jahre **993** urkundlich erwähnt. Im Jahr **1345** erhielt das heutige Potsdam dann Stadtrecht. Ab dem Jahre **1416** gehörte die Stadt den Hohenzollern. Nach einem verheerenden Brand im Jahre **1536** wurde das Stadtgebiet während des Wiederaufbaus erweitert.

Im Jahr **1640** übernahm der **Kurfürst Friedrich Wilhelm** die Regierung und wählte Potsdam als zweiten Wohnsitz und beschloss, die Stadt weiter auszubauen. Durch den käuflichen Erwerb weiterer verpfändeter Stadtteile wuchs Potsdam in seiner Fläche. Im Oktober **1806** erreichte **Napoleon** die Stadt, nachdem er wenige Tage zuvor die Schlachten bei Jena und Auerstedt gewonnen hatte. Ab **1815** fungierte Potsdam als **Verwaltungszentrum** und beherbergte viele Regierungsbeamte. Im Jahr **1838** wurde dann die erste Eisenbahnlinie Preußens eingeweiht, welche von Potsdam nach Berlin führte. **1911** wurde auf einem 25 Hektar großen Gebiet der Luftschiffhafen eröffnet, welcher ursprünglich als Luftfahrtzentrum Europas geplant war.

**1918**, nach dem Ende des ersten Weltkriegs, ging der Großteil Potsdams in Staatseigentum über. Am **21.3.1933** fand der „**Tag von Potsdam**" statt, an dem Reichspräsident **Paul von Hindenburg** dem **Reichskanzler Adolf Hitler** die Hand schüttelte und so symbolisch die alte Ordnung des Nationalsozialismus darstellen sollte. **1945** wurde ein Großteil der Innenstadt Potsdams durch einen Luftangriff der Alliierten stark beschädigt. Noch heute werden unzählige Blindgänger aus dieser Zeit gefunden.Am **27.4.1945** wurde die Stadt durch die **Rote Armee** eingenommen

.Im **August 1945** wurde im **Schloss Cecilienhof** die **Potsdamer Konferenz** abgehalten, bei der sowohl **Truman** als auch **Churchill** und **Stalin** anwesend waren und das **Potsdamer Abkommen** unterzeichneten, welches die **Aufteilung Deutschlands in 4 Zonen** festlegte. **1952** wurde Potsdam, mit Gründung der **DDR**, der **Verwaltungssitz** für den neu gegründeten **Bezirk Potsdam** und blieb es bis

1990. Nach Öffnung der Grenzen* **wurde Potsdam zur Landeshauptstadt Brandenburgs** und entwickelte sich seitdem zu einem **Forschungs- und Bildungsstandort.**

*Info: Auch heute noch findet man unweit des Griebnitzsees, an der Einmündung der Stubenrauchstraße, ein unter Denkmalschutz stehenden Rest der Berliner Mauer.

# Potsdams Stadtteile

Auch in den letzten 40 Jahren hat sich Potsdam stetig weiterentwickelt und durch Eingemeindungen vergrößert. So gehören heute (Stand 06/2019) insgesamt 34 Stadtteile zu Potsdam und haben die Gesamtgröße der Stadt auf 188,61 km² anwachsen lassen. Im folgenden Text wird jeder Stadtteil einmal kurz vorgestellt. **„Am Stern"** war eines der ersten Wohngebiete, die in industrieller Bauweise errichtet wurden. Der historische Jagdstern gab dem Gebiet seinen Namen. Heute ist der Anblick dieses südöstlichen Ortsteils geprägt durch Wohnblocks und einige Hochhäuser. Zu bieten hat dieser Bezirk unter anderem eine Stadtteilbibliothek, ein Schwimmbad sowie einen Jugendclub, eine Musikschule und den Campus des Leibniz Gymnasiums. In diesem Stadtteil leben rund 13.300 Menschen. Angrenzend an den Stern befindet sich der Stadtteil **„Drewitz"**. Dieser Stadtteil hat es sich auf die Fahne geschrieben, möglichst energetisch zu bauen und zu modernisieren und durch das Anlegen von etlichen Grünanlagen die Umweltbilanz zu verbessern. Somit bestimmen heute, neben den Mehrfamilienhäusern in Großtafelbauweise etliche Stadtgärten und Grünstreifen das Stadtbild. Im Sommer 2019 eröffnete hier das Café im Park, welches dann für Anwohner und Besucher Potsdams ein Treffpunkt inmitten der Natur werden und zum Erholen einladen soll. In Drewitz leben rund 5.300 Menschen.

Ebenfalls im Südosten Potsdams, angrenzend an die beiden vorigen Stadtteile, befindet sich das **„Kirchsteigfeld"**. Es ist eines der jüngsten Stadtteile und entstand erst Mitte der 90er Jahre. Die

Wohnungen im Kirchsteigfeld sind aufgrund ihres hohen Wohnkomforts sehr gefragt. Heute leben dort ca. 7.500 Menschen.

Der **„Schlaatz"** (was so viel wie Sumpf bedeutet), welcher sich im Süden Potsdams befindet, wird meist als der soziale Brennpunkt Potsdams bezeichnet und ist als Viertel der Arbeitslosen verrufen. Lange Zeit war die Zahl der Einwohner rückläufig. Auch die Nähe zu den Wäldern, sowie die Nähe zur Teltower Vorstadt, brachten keinen Erfolg was den Zuzug neuer Bewohner anging. Erst nach zahlreichen Modernisierungen und der Anlage neuer Grünflächen stabilisierte sich die Einwohnerzahl und blieb bis heute bei rund 8.700 Menschen.

Angrenzend an den Schlaatz, jedoch getrennt durch die Heinrich-Mann-Allee und die Straßenbahntrasse, befinden sich am Rande zu Bergholz-Rehbrücke die beiden Stadtteile „**Waldstadt 1**" und „**Waldstadt 2**". Beide Gebiete erhielten ihren Namen durch ihren Standort direkt im Wald. In unmittelbarer Umgebung der beiden Stadtteile befindet sich heute ein großes Naturschutzgebiet. Angrenzend an Waldstadt 2 sind außerdem die Ravensberge und der Teufelssee zu finden, welche auch bei vielen Touristen zu den beliebtesten Ausflugszielen gehören.

Die **„Templiner Vorstadt"** gehört, ebenso wie die **„Teltower Vorstadt",** zu Potsdam Süd. Angrenzend befinden sich der Schlaatz, sowie Waldstadt I und Waldstadt II. Zur Templiner Vorstadt gehört die Halbinsel Hermannswerder (früher Tornow). Die Bewohner dieser beiden Vorstädte gehören laut Umfragen zu den glücklichsten Potsdams. Eine große Rolle spielt dabei auch die Nähe zum Wasser und zur Natur. Die Wanderwege durch die Ravensberge sorgen für Entspannung und ein Abend am Wasser für die nötige Erholung nach einem stressigen Arbeitstag.

Der **„Forst Potsdam Süd"** beschreibt eine große zusammenhängende Waldfläche, die sich von Waldstadt bis zum Templiner See zieht und bis an Caputh heranreicht. Die vielen Wanderwege laden zu ausgedehnten Spaziergängen ein. Hier vergisst man den Trubel der Stadt und kann entspannen. Mitten im Forst ist ein sowjetischer Soldatenfriedhof zu finden, welcher ebenfalls zu den beliebtesten Ausflugszielen in diesem Bereich gehört. Nur wenige Straßen durchqueren den Wald, sodass man lange Strecken

ohne Unterbrechung zurücklegen kann. Zu den Straßen, die durch den Forst hindurch führen, gehören
die Michendorfer Chaussee und die Templiner
Straße.

Ein ebenfalls beliebtes Ziel im Potsdamer Wald
ist der **Wissenschaftspark Albert Einstein,** in dem
auch der Telegrafenberg zu finden ist. Des Weiteren
gehören das Deutsche Geo Forschungszentrum
(kurz GFZ), das Astrophysikalische Institut Potsdam,
das Alfred-Wegener-Institut für Polar- und Meeres-
forschung, das Potsdam-Institut für Klimafolgenfor-
schung, das meteorologische Observatorium des
deutschen Wetterdienstes, das Geodätische Institut
sowie der Einsteinturm und der große Refraktor
(ein Großteleskop) zum Wissenschaftspark.

Der sehr beliebte Stadtteil Babelsberg wird in
**„Babelsberg Nord"** und **„Babelsberg Süd"** unterteilt. Auch **„Klein Glienicke"** gehört noch zu diesem
Stadtteil. Streng genommen würde man sogar noch
zwischen Neubabelsberg und Neuendorf unterscheiden. Bekannt ist dieser Bezirk weit über die
deutschen Grenzen hinaus, da hier das Filmstudio
Babelsberg zu finden ist, ebenso wie der Filmpark
(*Mehr dazu finden Sie unter „Die Geschichte des*

*Films"*). Ebenfalls in Babelsberg befinden sind die Sternwarte (An der Sternwarte 16), der Weberplatz (im Bereich der evangelischen Friedrichs-Kirche zwischen der Karl-Liebknecht-Straße und der Rudolf-Breitscheidt-Straße) mit seinen typischen Weberhäuschen, der Neuendorfer Anger (womit wir wieder bei der eigentlich korrekten Unterteilung Babelsbergs wären) und der darauf befindlichen Kirche sowie der Uferweg entlang des Griebnitzsees, der leider durch viele Anwohner teilweise versperrt wurde und früher Standort der Berliner Mauer war.

Im Süden der Stadt befindet sich das **„Industriegelände"**. Da es an ein Feuchtbiotop und die Überschwemmungswiesen der Nuthe grenzt, steht dieses Areal unter besonderer Beobachtung durch den Umweltschutz. Dennoch ist dieser Stadtteil Potsdams unverzichtbar. Schließlich ist das Industriegebiet Standort vieler Unternehmen wie der DEKRA, einiger Fahrschulen, Getränkemärkten und nicht zuletzt auch der Energieversorgung Potsdams.

**„Potsdam West"** zeichnet sich besonders durch den hohen Wohnkomfort und den Erholungswert aus. Das Stadtbild ist hier durch sanierte Altbauten geprägt und wird bei vielen Potsdamern sehr geschätzt. Angrenzend an Potsdam West befindet sich der Stadtteil **„Wildpark"**. Einst das Jagdrevier der brandenburgischen Kurfürsten und der preußischen Könige. Heute ist es die Heimat von allerlei Wild und ebenfalls ein beliebtes Ausflugsziel von Einheimischen und Besuchern, die auf der Suche nach Ruhe hierherkommen.

Die **Innenstadt** Potsdams wird unterteilt in die **„Nördliche Innenstadt"** und die **„Südliche Innenstadt"**. Hier befindet sich der „Kern" Potsdams, bestehend aus dem Alten Markt, dem Landtag, der Nikolaikirche, der Heilig-Geist-Kirche, dem Potsdam-Museum und ein Stück weiter dem Lustgarten, dem Neuen Markt und dem Stadtkanal.

**„Bornim"** liegt im Norden Potsdams und grenzt an Nedlitz und Bornstedt. In Bornim befinden sich zum einen das Fundament des ehemaligen Lustschlosses, welches 1677 errichtet wurde sowie der Karl-Foerster-Garten, welcher heute Teil des Leibniz-Instituts für Agrarforschung ist. Das neben Bornim liegende **„Bornstedt"** grenzt seinerseits an die Jägervorstadt, die Nauener Vorstadt sowie ebenfalls an Nedlitz an. In diesem Stadtteil Potsdams befindet sich der Volkspark, welcher ursprünglich 2001 für die Bundesgartenschau angelegt wurde und heute die Biosphäre Potsdam beherbergt. Zu den weiteren Sehenswürdigkeiten gehören das Krongut Bornstedt sowie die Kirche Bornstedt, welche von Friedrich Wilhelm IV in Auftrag gegeben wurde. Die Fachhochschule Potsdam ist vom Stadtzentrum auf das ehemalige Gelände der „Adolf-Hitler-Kaserne" gezogen und ist somit nun hier, am neuen Standort, zu finden.

„**Nedlitz**" ist bereits seit 1935 eine Gemeinde Potsdams und grenzt sowohl an den Weißen See als auch an den Jungfernsee. Außerdem grenzt dieser Stadtteil an die 2003 eingemeindeten Stadtteile Fahrland und Neu Fahrland an. Da Nedlitz nicht einmal 200 Einwohner zählt, gilt dieses Örtchen als sehr ruhig und ideal für Erholungssuchende.

Im Nordwesten von Potsdam liegt der Stadtteil „**Eiche**". Auch hier sind Erholungssuchende genau richtig. Viel Natur, Wander- und Radwege laden zum Entspannen ein. Wer ein wenig Glück hat, kann hier sogar Eisvögel beobachten. Das Schloss Lindstedt und die Kirche des Ortes zählen zu den hauptsächlichen Sehenswürdigkeiten dieses Ortes. „**Sacrow**" liegt malerisch gelegen inmitten von Wäldern und

Gewässern und zählt ebenfalls zu den ruhigeren Gegenden Potsdams. Prunkvolle Villen reihen sich hier an Garten- und Wochenendgrundstücke. Eine der bekanntesten Sehenswürdigkeiten Sacrows ist sicherlich die **Heilandskirche**, welche im **Schlosspark** liegt und ganz in der Nähe des **Schlosses Sacrow** direkt an bzw. besser gesagt in das Wasser gebaut wurde.

Wer gut zu Fuß ist, kann sich den großen **Wanderweg** um den Sacrower See vornehmen. Für die ca. 14 km lange Strecke sollte man rund 3 Stunden Zeit einplanen.

Ein anderes Ausflugsziel könnte die **Römerschanze** sein. Diese ist eine der **ältesten Wehranlagen Europas** und befindet sich im **Königswald**, unweit des **Lehnitzsees**. Wer einen Ausflug dorthin unternehmen möchte, kann direkt an der Römerschanze parken und dort seinen Rundgang beginnen. Bei der etwa 10 km langen Tour quer durch noch recht ursprünglichen Wald durchquert man auch die Döberitzer Heide, in dem **Wisente** und **Wildpferde** einen Rückzugsort gefunden haben. Tipp: Wer in den Sommermonaten dort hin möchte, kann ganz bequem das **Wassertaxi** nutzen. Abfahrt ist in der Nähe des Hauptbahnhofes. Von dort fahren die Wassertaxis von März bis Oktober und machen auf ihrer Strecke nach Sacrow außerdem Halt am Park Babelsberg sowie der Glienicker Brücke und dem Neuen Garten und bieten so die Möglichkeit, auch noch weitere Ausflugsziele anzusteuern und mit in den Tagesplan aufzunehmen. Weitere Infos zum Wassertaxi finden Sie im Kapitel „Unterwegs in Potsdam – ungewöhnliche Fortbewegungsmittel".

„**Grube**" bietet so ziemlich jedem das richtige Freizeitangebot. Egal ob Angeln, Radfahren, Wandern oder Reiten – im Ortsteil „Grube" ist nahezu alles möglich. Wer diesen Stadtteil besucht, hat das Gefühl eine Zeitreise gemacht zu haben. In diesem dörflich anmutenden Gebiet der Stadt Potsdam tickt die Uhr scheinbar langsamer. Weidende Kühe und Pferde sind ein ganz normaler Anblick. Abgerundet wird das dörfliche Bild durch das Storchenpärchen, dessen vom NABU errichtetes Nest, sich auf dem Schornstein einer Autolackiererei befindet.

„**Golm**" bietet gleich zwei wesentliche Bestandteile: exzellente Wissenschaftseinrichtungen und viel Natur. Außerdem bietet dieser Ortsteil Potsdams gleich 2 Kirchen, die sehr nah beieinander stehen. Und auch hier haben sich einige Storchenpaare eingefunden und häuslich eingerichtet. Seit 1995 befindet sich im ehemaligen Gut Schloss Golm das Hotel Gut Schloss Golm.

**„Groß Glienicke"** ist erst seit 2003 ein Potsdamer Ortsteil. Auch dieser Stadtteil ist umgeben von Wasser, Natur und Wald und lädt zum Erholen ein. Besonders der Groß Glienicker See lädt zum Erholen, Entspannen und Baden ein. Da durch diesen Ort früher die Berliner Mauer führte, ist hier heute ein Mauerdenkmal sowie ein Kriegerdenkmal zu finden.

**„Fahrland"** gilt heute als einer der attraktivsten Wohnstandorte Potsdams. Seit es 2003 eingemeindet wurde, hat sich Fahrland zu einer wirklich sehenswerten Ortschaft entwickelt und genießt ebenfalls den Ruf, recht ruhig zu sein. Alle Belange des täglichen Bedarfs können mittlerweile direkt in Fahrland gedeckt werden. Egal ob Kindertagesstätte, Schule, Arbeitsplatz oder Einkaufsmöglichkeiten. Auch an Veranstaltungen zur Stärkung des Zusammenlebens der Fahrländer mangelt es nicht. So finden jedes Jahr diverse Feste statt, wie zum Beispiel der Feuerwehrball, das Osterfeuer und das Erntedankfest. Angler und Pferdebegeisterte finden hier im Fahrland ebenfalls das was sie suchen. Übrigens: Inmitten dieses Stadtteils befindet sich direkt unterhalb des Weinberges, der **„Mittelpunkt Brandenburgs"**.

**„Neu Fahrland"** ist wohl einer der **wasserreichsten Stadtteile** Potsdams. An der Stelle, an der sich Jungfernsee, Lehnitzsee und Weißer See berühren beginnt dieser Ortsteil, der heute rund 1200 Einwohner zählt und seit 2003 zu Potsdam gehört. Außerdem grenzen an Neu Fahrland der Fahrländer See und der Krampnitzsee. Auch hier findet man jede Menge Natur und Wald. Diese unterstützen sicher auch die Erholung der Patienten des seit 1952 ortsansässigen Kurklinikums „Heinreich-Heine-Klinik".

Inmitten von landwirtschaftlichen Flächen liegt das kleine Örtchen **„Satzkorn"**. Dieser Stadtteil kann auf über 800 Jahre Erfahrung im Obstanbau zurückblicken und ist auch heute noch bekannt für seine großen Obstanbauflächen. Ebenfalls einen Namen hat sich dieser Stadtteil durch seinen Pferdehof gemacht, der sich besonders um Barockpferde kümmert. Durch die wundervolle Natur rundherum bieten sich lange Ausritte an. **„Marquardt"** kann ebenfalls als Landschaftsidyll bezeichnet werden. Der Schlosspark lädt zu langen Spaziergängen und zum Seele baumeln lassen ein. Ein Treffpunkt in Marquardt ist die Kulturscheune, welche auch von Uetz-Paaren und Satzkorn für Veranstaltungen genutzt wird. Hier finden regelmäßig tolle Events statt und jeder ist willkommen.

„**Uetz-Paaren**" wurde ebenfalls erst 2003 Stadtteil von Potsdam. Ein typischer Anblick dieses Örtchens sind die vielen Rinder auf den weiten Wiesen- und Weideflächen. Außerdem bietet dieser Ort besonders für reitbegeisterte Besucher viele Reitwege mitten durch die Natur. Die „**Brandenburger Vorstadt**" beginnt zu Füßen des Brandenburger Tors und liegt zwischen Havel und Park Sanssouci. Heute ist die Brandenburger Vorstadt ein beliebtes Wohnviertel mit hohem Komfort. Die Dinge des täglichen Bedarfs und vieles mehr lassen sich in der Geschwister-Scholl-Straße einkaufen.

Die „**Berliner Vorstadt**" ist auch recht wasserreich. Grenzt sie doch an den Jungfernsee, Heiligen See und Tiefen See und ist nur einen Steinwurf vom Park des Neuen Gartens entfernt. Generell erreicht man von hier aus so gut wie alles recht schnell. Egal, ob Berliner Innenstadt, Potsdamer Innenstadt, oder die Randgebiete. Dieser Fakt macht diese Wohngegend besonders bei wohlhabenderen Familien sehr beliebt.

Die **„Jägervorstadt"** ist besonders architektonisch bunt gemischt. Hier treffen große Prunkvillen, teilweise mit eigenen kleinen Parkanlagen auf kleine vorstädtische Landhäuser und gründerzeitliche Mietshäuser.

In diesem Stadtteil sind einige höhergelegene Aussichtspunkte zu finden, die einen wunderbaren Blick auf die Stadt bieten.

Die **„Nauener Vorstadt"** fasst am Nauener Tor Fuß und ihr Anblick ist besonders durch freistehende prunkvolle Villen bestimmt. Besonders erwähnenswert und sehenswert ist hier jedoch vor allem die russische Kolonie **„Alexandrowka",** welche besonders durch ihre Holzhäuser auffällt und dadurch „aus dem Raster" der restlichen Architektur dieses Stadtteils fällt.

# DER HEIMLICHE FAVORIT BABELSBERGDER

Der heimliche Favorit ist und bleibt jedoch das wunderschöne Babelsberg. Gerade im Bereich des Griebnitzsees kann man einige wunderschöne Villen betrachten. Ein Stück vom Ufer weg, nahe der alten Post auf dem heutigen Hiroshima-Nagasaki-Platz, in der Karl-Marx-Straße 2, befindet sich die **Truman-Villa**, welche auch unter dem Namen „Little White House" bekannt ist und einst als Wohnsitz für den amerikanischen Präsidenten diente. Doch auch die **Churchill-Villa** in der Virchowstraße 23, die Stalin-Villa (oder auch **Herpich-Villa**) in der Karl-Marx-Straße 27 und die **Gugenheim-Villa** in der Karl-Marx-Straße 22 können im schönen Babelsberg betrachtet werden. Ebenfalls sehenswert sind die **Villa Sarre** in der Spitzweggasse 6 sowie die Villen von berühmten Persönlichkeiten, wie Heinz Rühmann (Karl-Marx-Straße 66) und Marika Rökk (Domstraße 28/30).

*Um einmal alle Gebäude „abklappern" zu können, empfiehlt sich folgende Route: Egal, wo Sie sich in Potsdam einquartiert haben. Fast jedes öffentliche Verkehrsmittel fährt zur Haltestelle* **Fontanestraße.** *Steigen Sie dort aus und beginnen Sie dort Ihren Rundgang. Zuerst folgen Sie der* **Rudolf-Breitscheid-Straße** *in Richtung* **Fontanestraße.** *Biegen Sie dann dort in eben diese ein und folgen ihr bis zur* **Domstraße.** *An dieser Kreuzung biegen Sie dann rechts ab und passieren zuerst ein großes gelbes Doppelhaus, danach ein älteres rotes Haus mit weißem Zaun, eine lange Einfahrt und direkt danach stehen Sie vor dem ehemaligen* **Haus von Alfred Zeisler,** *in dem auch* **Marika Rökk** *einst wohnte. Etwas versteckt hinter den Büschen am Zaun erkennt man das doch recht bescheidene Haus. Von dort aus laufen Sie dann die* **Rosa-Luxemburg-Straße** *entlang bis zur* **Hausnummer 40.** *In dieser Villa wohnte einst* **Konrad Adenauer.** *Von dort geht es ein kleines Stück zurück bis zur* **Robert-Koch-Straße.** *Diese gehen Sie entlang, bis Sie an die Kreuzung* **Karl-Marx-Straße** *kommen. Dort biegen Sie rechts ab und folgen ihr bis Sie an die Ecke Virchowstraße kommen. Schräg gegenüber dieser Kreuzung, bei der Hausnummer 66, steht das* ehemalige Haus von Heinz Rühmann. Wenn Sie der Karl-Marx-Straße dann noch ein Stück weiter folgen, bis Sie den Platz der ehemaligen Post erreichen, der heute „Hiroshima-Nagasaki-Platz" heißt, finden Sie bei der Hausnummer 2 die Truman-Villa. Nachdem Sie diese Villa bestaunt haben, gehen Sie wieder zurück zur Virchowstraße, folgen ihr und laufen bis zur **Hausnummer 23**. Dies ist der ehemalige kurzzeitige Wohnsitz des ehemaligen Präsidenten der USA **Winston Churchill**. Wenn Sie sich dieses Haus angesehen haben, laufen Sie zurück zur **Karl-Marx-Straße** und folgen ihr nach Norden, bis Sie zur Kreuzung **Johann-Strauß-Platz** kommen. Bei der **Hausnummer 11** befindet sich die **Villa Gugenheim**, die später vom **Ufa Liebling Brigitte Horley** bewohnt wurde. Von dieser Adresse aus folgen Sie der Straße vom Johann-Strauß-Platz weiter, bis Sie wieder zur **Rosa-Luxemburg-Straße** gelangen. Dort biegen Sie rechts ab und folgen der Straße bis rechts die **Spitzweggasse** wegführt. Dieser Straße folgen Sie zu den **Hausnummer 6 (Villa Sarre) und 3 (Stalinvilla)**. Wenn Sie diese beiden Häuser betrachtet haben, kehren Sie um und folgen der **Spitzweggasse** wieder zurück zur **Rosa-Luxemburg-Straße**. Dann biegen Sie rechts ab und *folgen der Straße, bis sie einen Knick macht. Diesem Knick folgen Sie nach links und befinden sich somit auf der Straße **„An der Sternwarte".** Wenn diese Straße endet, stehen Sie an der Kreuzung **„Allee nach Glienick".** Dieser Allee folgen Sie dann ein kurzes Stück nach rechts und können von dort links in den **Babelsberger Park** abbiegen. Den Spazierwegen folgend können Sie so auch gleich einen Besuch des **Flatowturms** mit einbauen und danach geht es zur Stärkung in Richtung **Schloss Babelsberg**, wo Sie in dem dort integrierten **Café** Kaffee und Kuchen bekommen können.*

Zu den Sehenswürdigkeiten Babelsbergs gehört selbstverständlich eben auch jener Park – der Park Babelsberg. Und auch hier gibt es so einiges zu sehen, weswegen man für die komplette Tour besser mehrere Stunden einplanen sollte. Einer der bekanntesten Spots im Park ist sicherlich der **Flatowturm**. Wer keine Höhenangst hat, der kann den 46m hohen, im neugotischen Stil errichteten, Turm besteigen und bei gutem Wetter den Blick über Potsdam schweifen lassen. Anschließend ließe sich das ehemalige **Dampfmaschinenhaus** besichtigen. Selbst hier im Park findet man eines der vielen

Potsdamer Schlösser, nämlich das **Kleine Schloss**. Ganz in der Nähe dieses Bauwerks befindet sich der **Marstall**, welcher ursprünglich der Unterbringung von Pferden und Kutschen diente. Ebenfalls sehenswert sind die **Gerichtslaube**, sowie das **Matrosenhaus**. Wer dann noch immer nicht genug hat, kann sich die restlichen, kleineren Gebäude ansehen, die im Park verteilt sind. Dazu gehören ein altes **Hofgärtnerhaus**, inklusive der **Wirtschaftsgebäude**, ein **Kutscherhaus** sowie ein altes **Küchengebäude** und mehrere **Pförtnerhäuser** an den Parkeingängen.

Für Erholungssuchende bietet der Park natürlich auch das passende Ambiente. Mehrere Strände laden zum Relaxen, Sonnenbaden und Schwimmen ein. Inmitten der liebevoll angelegten Grünanlagen ist auch ein Picknick im geschichtsträchtigen Park Babelsberg ein Muss - zumindest bei passenden Wetterbedingungen. Wer jedoch keine Lust, hat einen Picknickkorb herumzutragen, der findet mitten im Park direkt im Kleinen Schloss ein sehr hübsches und liebevoll eingerichtetes Café, welches ebenfalls zum Verweilen einlädt und neben warmen und kalten Getränken sehr leckeren Kuchen im Angebot hat.

Beachten Sie jedoch: Im Café kann lediglich mit **Bargeld** bezahlt werden! Besucher, die ihren Hund mit in den Park nehmen möchten und diesen nicht nur an der Leine führen möchten, finden am Rande des Parks ein eingezäuntes Auslaufgebiet vor, wo man die Vierbeiner auch gern einmal frei laufen lassen kann.

# Schlösser, Parks und anderes

**S**anssouci, dessen Name sich von den französischen Wörtern „sans soucis" ableitet und so viel wie „ohne Sorgen" bedeutet, dürfte wohl eines der berühmtesten Schlösser weltweit sein. Doch neben Sanssouci hat Potsdam noch viele weitere Schlösser zu bieten. Zum Beispiel das **Schloss Charlottenhof**, welches einst die Sommerresidenz des Kronprinzen Friedrich Wilhelm und des Königs Friedrich Wilhelm IV war und sich, neben dem **Neuen Palais** und der **Orangerie**, ebenfalls innerhalb der **Parkanlage von Schloss Sanssouci** befindet. Darum sollte man für einen Besuch in diesem Park auch mindestens einen halben oder besser gleich einen ganzen Tag einplanen.

Nach einem gemütlichen Frühstück im Restaurant Mövenpick (Zur historischen Mühle 2, 14469 Potsdam), kann man dann ganz in Ruhe durch die riesige Parkanlage laufen und die gut 2 km lange „Hauptstraße" entlang spazieren. Wer genügend Zeit eingeplant hat, kann dann ganz in Ruhe die vier Schlösser besichtigen und die Seele in den wundervoll angelegten Grünanlagen baumeln lassen.

Wer dann tatsächlich bis zur Abendbrotzeit im Park verweilte, der kann danach in der „Meierei" zu Abend essen, den herrlichen Blick über den Jungfernsee genießen und ganz nebenbei den wundervollen Königswald betrachten. Neben dem berühmten Schloss Sanssouci gibt es jedoch noch weitere Schlösser in Potsdam. Zu ihnen zählen: - das Marmorpalais im Neuen Garten, nahe des Ufers vom Heiligen See- das Schloss Cecilienhof im nördlichen Teil des Neuen Gartens, unweit des Jungfernsees- das Schloss Babelsberg, welches sich im Park Babelsberg befindet- das Kleine Schloss im Babelsberger Park mit integriertem Café - das Belvedere auf dem Pfingstberg mit seiner tollen Aussicht auf die Stadt- das rekonstruierte Stadtschloss am Alten Markt, in dem sich heute der Landtag befindet- das Jagdschloss am Stern- das Schloss Sacrow und die tausendjährige Eiche im Schlosspark- das Schloss Lindstedt, welches schon als Drehort für Resident Evil fungierte- das Krongut Bornstedt, ehemaliger Sitz der Kronprinzessin Victoria - die Villa Ingenheim im Westen Potsdams, welche heute militärisch genutzt wird- das Schloss Marquardt mit bewegter Geschichte - das Schloss Kartzow, ehemaliges Rittergut und heutiges Hotel

Und auch im direkten Umland um Potsdam sind weitere Schlösser zu finden. Dazu zählen: - das Schloss auf der Pfaueninsel- das Schloss Glienicke- das Jagdschloss Glienicke- das Schloss Petzow- das Schloss Caputh- das Schloss Güterfelde - das Schloss Paretz.

# Natur und andere schöne Dinge

Potsdam ist eine sehr wasserreiche Stadt. So findet man in und um Potsdam, neben der Havel und den Havelseen, auch noch viele weitere Gewässer, auch wenn längst nicht alle von ihnen als Badeorte geeignet sind und manche lediglich als schöne Gegend für Spaziergänge angesehen werden sollten. Gerade im Sommer boomt jedoch der Tourismus am Wasser. Einige Seen sind beliebte Ausflugsziele und laden zum Baden und Entspannen ein. Hier sind vor allem der **Sacrower See** mit seiner

Sichttiefe von über 4 m und steinfreien Stränden, der **Groß Glienicker** See mit seinen 2 großen Stränden und vielen kleinen versteckten Buchten, der **Glindower See** mit seinem besonders klaren Wasser, das **Seebad Caputh** am **Schwielowsee**, der **Heilige See** im Herzen Potsdams mit all seinen berühmten Anwohnern (wie zum Beispiel Günther Jauch und Wolfgang Joop), der **Templiner See** insbesondere mit dem **Strandbad Templin** und der **tiefe See** im Babelsberger Park zu nennen.

Eine sehr beliebte Strecke für **Spaziergänge** und **Fahrradtouren** ist entlang des **Griebnitzsees**. Startet man in Babelsberg, überquert die kleine Brücke in Klein Glienicke, folgt dem Waldweg am Ufer des Sees entlang, dann kommt man in Wannsee wieder zurück auf die Straße und kann von dort den Schlenker zurück nach Potsdam schlagen und hat am Ende eine wundervolle Tour absolviert, bei der man, zumindest auf der Berliner Seite, auch mal die Füße im Wasser kühlen oder eine kleine Runde schwimmen kann. Man sollte jedoch beachten, dass dort viele Muscheln im weichen Sand liegen, an denen man sich sehr schnell schneiden kann. <u>**Badeschuhe**</u> wären also von Vorteil! Da die Berliner Seite nahezu komplett einem Waldweg gleicht, kann man diese Tour auch bei Hochsommer-Temperaturen machen, ohne die ganze Zeit erbarmungslos von der Sonne durchgebrutzelt zu werden.

Wer eine **längere Radtour** unternehmen möchte, der kann an der Glienicker Brücke starten, fährt von dort entlang der Berliner Seite des **Griebnitzsees** bis zur Brücke am Stölpchenweg, überquert dort das Wasser, fährt wieder entlang des **Griebnitzsees**, jedoch auf der Potsdamer Seite, folgt dem Uferweg bis zum tiefen See. Dort durchquert man den Babelsberger Park, vorbei am **Tiefen See** und folgt ab dort dem Ufer der **Havel**, durch die Innenstadt hindurch, bis man, vorbei am Potsdamer Hauptbahnhof, bis zur Templiner Vorstadt kommt. Wer dann noch Puste hat, kann dem Uferweg entlang des **Templiner Sees** bis zum Übergang zum **Schwielowsee** folgen.

Wer dort den Schlenker um den **Schwielowsee** herum wagt, der landet irgendwann in Geltow, wo man in jedem Fall einen Zwischenstopp bei der „Gelateria il sole" einlegen sollte, um ein leckeres Softeis zu genießen. Von dort aus folgt man dann der Hauptstraße, bis man auf die Zeppelinstraße gelangt, die einen dann schlussendlich zurück nach Potsdam führt. Für diese Runde sollte man in jedem Fall den kompletten Tag einplanen. Mit Zwischenstopps, dem ein oder anderen Eis und der Rücktour durch Potsdam City ist man, wenn man vormittags gestartet ist, erst am späten Nachmittag wieder zurück. Bei herrlichem Wetter ist dies aber allemal eine Tour. die sich lohnt.

Wer sich für einen Besuch in der **Biosphäre** Potsdam entscheidet, kann davor oder danach einen kleinen Abstecher zum **Bornstedter See** machen. Dieser ist jedoch nicht zum Baden geeignet und bietet eher eine Erholungsmöglichkeit. Wer danach noch Zeit und Lust hat, kann weiterziehen zum Krongut **Bornstedt** und dort zum Beispiel das **Zinnfiguren Museum** besuchen.

Der **Fahrländer See** bietet hervorragende Bedingungen zum Wind- und Kitesurfen. Da er nicht von Schiffen befahren wird, können die Surfer hier ganz in Ruhe die Wellen reiten. Mit seinen malerischen Uferregionen wird dem See auch ein wenig „karibisches Flair" nachgesagt.

Der **große Zernsee** liegt an der Grenze von Golm. Großartiger Schiffsverkehr ist auf diesem See nicht zu erwarten. Genutzt wird dieses Gewässer eher von **Wassersportlern** und **Anglern**, aber auch von **Fahrgastschiffen**. Für Badegäste gibt es hier jedoch nur wenige Möglichkeiten, sich in das kühle Nass zu stürzen. Lediglich ein kleiner Ausflug zum kleinen Zernsee bietet die Möglichkeit, einen der wenigen Zugänge zum Wasser zu finden und von dort aus den Ausblick auf Werder Havel zu genießen.

Der **Jungfernsee** wird größtenteils vom **Königswald** eingefasst und bietet nur sehr wenige Badestellen. Man gelangt von ihm aus direkt zum **Sacrower See** und zum **Heiligen See**, wenn man dem **Hasengraben** folgt. Malerisch ist der Anblick dieses Sees jedoch allemal.

Der **Krampnitzsee** und der **Lehnitzsee** sind kleine Seen, die in den Ausbuchtungen der Havel entstanden. Beide Seen sind durch die **Nedlitzer Alte Fahrt** an den **Jungfernsee** angebunden und haben darüber ihre Verbindung zur **Havel**. Beide Gewässer zählen zu den **Binnenwasserstraßen** und sind somit nur sehr eingeschränkt für Freizeitaktivitäten nutzbar. Jedoch gibt es am südöstlichen Ufer des **Krampnitzsees** eine **eiszeitliche Siedlung** zu betrachten und zu erkunden. Die **Nuthe** ist ein

**Nebenstrom der Havel** und entspringt in der Gemeinde Niedergörsdorf im Fläming. Sie fließt durch die Potsdamer Stadtteile Gewerbegebiet Süd, Drewitz, Babelsberg, Schlaatz, Teltower Vorstadt und Zentrum Ost, bevor sie nahe der Freundschaftsinsel in die Havel mündet. Leider ist die **Nuthe kein empfehlenswertes Badegewässer**. Ihre Ufer laden jedoch zu ausgedehnten **Spaziergängen** ein.

Natürlich waren das längst nicht alle Gewässer in (und um) Potsdam, der Rest ist jedoch entweder nicht unbedingt die Reise wert oder liegt so abgeschieden, dass es keine wirklich sinnvollen Kombinationen mit anderen Unternehmungen gibt. Zu den restlichen Gewässern gehören:

- die düsteren Teiche im Wald hinter Schloss Lindstedt
- der Entenfängersee im Wildpark am Stadtrand
- der Friedensteich im Park Sanssouci
- das Giebelfenn in Groß Glienicke
- der Hasengraben, welcher den Heiligen See mit dem Jungfernsee verbindet
- der Jubelitz See bei Fahrland
- der Judengraben in der Templiner Vorstadt

- der Kindermannsee im Babelsberger Park
- der kleinen See in Groß Glienicke
- der Maschinenteich bei den Römischen Bädern im Park Sanssouci
- der Sacrow-Paretzer-Kanal, der die obere und untere Havel verbindet
- der Saugartensee im Landschaftsschutzgebiet hinter den Ravensbergen
- der Schafgraben der Maschinenteich und Friedensteich verbindet
- der Schlänitzsee, der sich nordwestlich von Potsdam befindet
- der Potsdamer Stadtkanal ist durch die heißen Sommer nahezu ausgetrocknet
- der Teufelssee nahe der Potsdamer Waldstadt II
- der weißen See mit seiner Fahrrinne und starkem Schiffsverkehr
- die Wublitz, dessen Ufer größtenteils Naturschutzgebiet ist

Einige der wunderbaren Park- und Grünanlagen Potsdams grenzen an manche dieser Gewässer an. Und auch dort, abseits der Wasserflächen, finden

sich viele schöne Plätze zum Verweilen und Erholen.
Zu diesen Park- und Grünanlagen gehören:

- der Volkspark Potsdam
- das Birkenwäldchen in Babelsberg
- der Neue Lustgarten
- die Freundschaftsinsel
- der Gutspark Groß Glienicke
- das Heineholz
- das Katharinenholz
- das Landschaftsschutzgebiet Parforceheide
- das Meisenwäldchen
- der Nuthepark
- die Ravensberge und der Forst Potsdam
- der Reiherberg in Golm
- die russische Kolonie Alexandrowska
- der Königswald am Sacrower See
- der Schlosspark Markquardt
- der Telegrafenberg
- der Uferpark an der Havel
- der Wildpark

# „Land und Leute"

Potsdamer sind als freundliche, jedoch sehr direkte und ehrliche Menschen bekannt und nicht jeder kann mit so viel Ehrlichkeit umgehen. Wenn uns etwas nicht passt, dann sagen wir es. Außerdem legen wir viel Wert auf Äußeres. Das bezieht sich jedoch weniger auf unser eigenes Äußeres und mehr auf das Aussehen unserer (Vor)Gärten. Besondere in Babelsberg wird deutlich, wie gern wir einen gepflegten Garten haben und wir wissen auch um den Fakt, dass der erste Eindruck zählt.

Liebevoll gestaltet, sorgsam gehegt und gepflegt und immer herausgeputzt – so präsentieren wir gern unser Hab und Gut. Potsdamer sind auf Recht und Ordnung bedacht und auch wenn wir es gern einmal zu besonderen Anlässen krachen lassen, so ist uns Ruhe am Abend sehr wichtig, was nicht selten zu Beschwerden bei der Polizei führt, wenn ein Nachbar sich nicht daran hält.

Darin unterscheiden wir uns stark von den Berlinern, wo die dröhnenden Disco-Bässe am Abend aus den Clubs nahe der Wohnhäuser normal sind und worüber sich die meisten Berliner schon gar nicht mehr aufregen. Außerdem genießen wir das Leben in vollen Zügen. Cafés und Bars sind meist recht voll. Jeder möchte seinen Feierabend genießen. Wenn das Wetter passt, findet man die meisten Potsdamer draußen in der Natur. Ganz egal, ob am Ufer des Griebnitzsees, im Strandbad Caputh, auf der Freundschafts- oder Pfaueninsel oder einfach nur auf dem Balkon. Wir lieben die Natur und lassen uns gern die Sonne aufs Haupt scheinen.

Eines wird jedoch, meist von amerikanischen Touristen, bemängelt: Unsere Knauserigkeit. Wenn wir in einem Café oder einem Restaurant zum Akt der Bezahlung kommen, knausern wir mit dem Trinkgeld. Während in Amerika bis zu 20%

Trinkgeld normal sind, runden wir hier meist lediglich auf den nächsten oder übernächsten vollen Euro auf. Auch sonst achten wir auf unser Geld und werfen es nicht für unnütze Dinge aus dem Fenster. Manche Besucher bezeichnen Potsdam als die „vornehmere" Schwester Berlins.

Während in Berlin das Leben rast und tobt, geht es hier zwischen Schlössern und Parks gemächlicher zu und das schätzen viele Leute. Wer einen Tag in Berlin verbracht hat und danach zurück nach Potsdam kehrt, ist meist überrascht wie ruhig hier alles ist und wie entspannt viele Dinge angegangen werden. Lediglich die vielen Baustellen sind den meisten Leuten, Einwohnern wie Touristen, ein Dorn im Auge. Aber jede Baustelle findet irgendwann ihr Ende... sollte man meinen! Bei manchen kommt es einem jedoch so vor, als wären sie schon immer da und würden auch für immer bleiben.

Potsdam ist so bunt wie seine Einwohner. So findet man auf Stadtfesten neben Günther Jauch und andere bekannte Persönlichkeiten wie Johannes B. Kerner oder Christian Ulmen. Auch andere „Größen" haben sich in Potsdam niedergelassen. So wohnen heute auch Filmregisseur Volker Schlöndorff,

Designer Wolfgang Joop und Software Millionär Hasso Plattner in dieser wunderschönen Stadt. Jedoch zeigen diese Persönlichkeiten auch die zwei Seiten Potsdams auf. Einerseits die „Sozialviertel" Drewitz, Stern und Schlaatz. Andererseits die Prunkvillen und Luxuskarossen in der Berliner Vorstadt, wo eine Villa auch locker mal für 8 Millionen Euro an einen neuen Eigentümer übergeht.

Eine wirkliche Durchmischung der verschiedenen Gesellschaftsschichten gibt es nicht. So bleiben die Armen unter den Armen und die Reichen unter den Reichen. Und die Babelsberger? Die bleiben sowieso lieber unter sich. Babelsberg, auch gern liebevoll „Babelsdorf" genannt, ist trotz seiner vielen (teuren) Einfamilienhäuser einem Dorf sehr ähnlich. Jeder kennt jeden und man hilft sich gegenseitig. Und das ist was ich so an „meinem" Babelsberg liebe. Davon könnte sich der Rest Potsdams ruhig eine Scheibe abschneiden...

# Potsdamer Redewendungen

## SCHRIPPE UND PFANNKUCHE

Die Sprache der Potsdamer ist, obwohl sie sich sehr am Hochdeutschen orientiert, doch recht stark berlinerisch geprägt. So gibt es heute kaum einen Potsdamer, der nicht ein wenig (oder auch ein wenig mehr) „berlinert". Wörter wie „Ick" (Ich), „dit" (das), „ooch" (auch), „nüscht" (nichts) und „keen" (kein) sind mittlerweile fester Bestandteil des Wortschatzes der „Randberliner". Aber auch sonst teilen wir uns viele Wörter mit den Berlinern, besonders den Ost-Berlinern. So kennt man auch in Potsdam die „Bulette" (auch bekannt als

Frikadelle oder Fleischbällchen) und man frühstückt „Schrippen" (Brötchen).

Abends gibt es in Potsdam dann eine „Stulle" (meist belegtes Schwarzbrot) und als süßes Mittagessen dienen Eierkuchen, die anderswo eher als Pfannkuchen bekannt sein dürften, wobei eben jene in Potsdam für Verwirrung sorgen könnten, denn als Pfannkuchen kennt man hier nur die typischen „Berliner" oder auch Krapfen – eine Art Hefeteig der meist mit Marmelade gefüllt ist und an Silvester auch gern einmal scherzhaft mit Senf „verfeinert" wird.

## DER POTSDAMER POSTKUTSCHER

Wir Potsdamer haben jedoch etwas, was die Berliner nicht haben: Den Zungenbrecher des Potsdamer Postkutschers! „Der Potsdamer Postkutscher putzt den Potsdamer Postkutschkasten. Den Potsdamer Postkutschkasten putzt der Potsdamer Postkutscher."

## DREIVIERTEL ZEHN

Wenn ein Potsdamer anderswo in Deutschland unterwegs ist und sich mit jemandem verabreden möchte, dann ergibt das meist Probleme. Denn Potsdamer sagen zu 9.45 Uhr nicht neun Uhr fünfundvierzig oder viertel vor zehn, sondern dreiviertel zehn. Damit kann die restliche Bevölkerung Deutschlands jedoch meist überhaupt nichts anfangen. Auch 10.15 Uhr heißt hier nicht viertel nach zehn, sondern viertel elf. Sollten Sie sich also bei Ihrem Stadtbesuch mit einem Potsdamer verabreden und er nennt Ihnen eine solche Uhrzeit, dann wissen Sie jetzt, was gemeint ist. Ansonsten einfach noch einmal nachfragen. Die Potsdamer sind weithin als sehr freundliche, wenn auch sehr direkte und ehrliche, Leute bekannt.

## WER SOLL SOWAS AUCH WISSEN?

Zu den Potsdamer Stadtteilen gehört auch Nowawes. Eine Legende besagt, dass dieser Name entstand, als Friedrich II. die Bauarbeiten kontrollierte und einen der Bauarbeiter fragte, wie denn dieser Stadtteil eigentlich heiße. Da der Bauarbeiter das nicht wusste, soll er mit „No wer weeß" geantwortet haben, woraus dann der Name „Nowawes" wurde.

# Kulinarische Köstlichkeiten

Der Morgen in Potsdam wird am besten mit einem ausgiebigen Frühstück begonnen. Wer sich nahe der Innenstadt einquartiert hat, sollte in jedem Fall mindestens einmal im **ALEX** am **Platz der Einheit 14** zum Brunch erscheinen. Eine reiche Auswahl an frisch zubereiteten Speisen macht den Start in den Tag sehr viel leichter.

Von sehr leckerem Rührei über Nürnberger Bratwürstchen bis hin zum klassischen Frühstücksspeck ist alles dabei. Natürlich gibt es auch süße

Beläge wie Marmelade und Nuss-Nougat-Aufstrich. Aber auch Obst und Gemüse fehlen nicht am reich gedeckten Buffet. In den Sommermonaten kann man hier bequem draußen sitzen und die morgendliche Sonne genießen. In diesem Restaurant gelingt es im Übrigen recht leicht, das Gespräch mit Potsdamern aufzunehmen und neue Freundschaften zu schlie-ßen.Frisch gestärkt kann man sich von dort aus quasi überall hin begeben, denn man steht ja quasi schon im Zentrum Potsdams.

Wenn am frühen Nachmittag der Magen wieder knurrt, sollte man in jedem Fall einmal das **Spanische Restaurant „La Copa"** in Babelsberg besuchen. In der **Karl-Liebknecht-Straße 126** findet man ein wundervolles Restaurant mit tollem Ambiente vor. Die Teller sind üppig gefüllt und die Preise moderat. Und auch hier kann man in den Sommermonaten draußen sitzen und das Babelsberger Flair genießen.

Wer ebenfalls **Spanisch** genießen möchte, aber sich gerade eher in der Innenstadt aufhält und nicht erst nach Babelsberg fahren möchte, für den ist das „Mea Culpa" eine Empfehlung. In der **Dortustraße 1** findet man dieses zwar schlicht, aber sehr gemütlich eingerichtete Lokal vor. Allerdings kann es sein dass man etwas Geduld mitbringen muss. Da dieses Restaurant sehr beliebt ist, muss man als Gast ohne Reservierung schon einmal an der Bar Platz nehmen und warten, bis man an einen Tisch gebeten wird.

Wer zum Mittag oder Abendbrot eher auf ein gutes Stück **Fleisch** steht, der sollte sich das **„Lorado"** nicht entgehen lassen. **Argentinische Steaks**, perfekt medium gebraten und das alles in tollem Ambiente. Ein freundliches Personal und moderate Preise runden das kulinarische Erlebnis ab. Zu finden ist das Lorado in der **Rudolf-Breitscheid-Straße 62 in Babelsberg.**

**Babelsberg** hat aber noch mehr zu bieten. So lohnt sich zum Abendessen ein Besuch im **Paros**, einem **griechischen Restaurant**. Die langjährige Besitzerin empfängt jeden Gast herzlich und man fühlt sich in dem toll gestalteten Restaurant direkt wohl. Alles ist sehr heimelig und gemütlich und die Wandgestaltung einzigartig. Vom sehr leckeren griechischen Essen mal ganz abgesehen. Zu wirklich sehr angenehmen Preisen kann man hier wunderbar schlemmen und den Abend bei griechischem Wein ausklingen lassen. Und wer noch ein bisschen die Fremdsprachenkenntnisse auffrischen will, kann dank der Servietten die gängigsten griechischen Floskeln auswendig lernen und ggf. auch direkt beim Personal anwenden.

Ebenfalls **griechische Speisen** bekommt man im „**Athos**" in der **Zeppelinstraße 152** in der **westlichen Vorstadt**. Ein sehr gemütlich rustikales Restaurant, in dem viel Holz verbaut wurde, welches ein einzigartiges, rustikal gemütliches Ambiente erschafft. Sehr leckeres Essen, sehr nette Kellner und gute Preise runden das kulinarische Erlebnis ab.

Für wen hingegen nichts über Pizza und italienisches Ambiente geht, der sollte sich in die **Humboldtstraße 1** in der **Potsdamer Innenstadt** begeben. Wahnsinnig tolles Flair und unglaublich leckere Pizzen – das bietet die „**L´Osteria Potsdam**". Direkt an der alten Fahrt neben dem Stadtschloss lässt es sich wunderbar schlemmen. Und zu sehr ins Geld geht ein Besuch dort auch nicht.

Ich erwähnte bereits das Restaurant **Mövenpick** an der **Historischen Mühle**. Egal, ob Frühstück, Mittag oder Abendessen – das Mövenpick ist immer einen Besuch wert und kann mit seiner wunderbaren Ausstattung und der Lage auftrumpfen. Die Adresse **„Zur Historischen Mühle 2"** beschreibt bereits die besondere Lage des Restaurants.

Ebenfalls **kulturell-geschichtlich** angehaucht ist das **traditionelle** Restaurant **„Kades"** am Pfingstberg in der **Große Weinmeisterstraße 43b** in der **Nauener Vorstadt**. In den Sommermonaten kann man sich gemütlich draußen in den schön angelegten Garten setzen und die Umgebung genießen, während man kulinarisch ebenfalls voll und ganz auf seine Kosten kommt.

Der fliegende Holländer ist nicht nur eine Oper, er passt auch thematisch hervorragend in das **holländische Viertel** in Potsdam. Und genau dort befindet sich auch das Restaurant mit dem passenden Namen „Zum fliegenden Holländer". Rustikal und urgemütlich mit **deftig** leckerem Essen. In jedem Fall einen Besuch wert! Zu finden ist der fliegende Holländer in der **Benkertstraße 5.**

Wer gern einmal die **vietnamesische Küche** ausprobieren möchte und dabei auch etwas höhere Preise nicht scheut, der ist im **„Chi Keng"** genau richtig. Gehobene vietnamesische Küche in stilvollem

Ambiente. Zu finden ist dieses Restaurant am **Luisenplatz 3** in der **westlichen Vorstadt**.

Ebenso etwas ausgefallener und exotischer ist das **persische** Essen. Dieses bekommt man im „**Restaurant Laila**" in der **Lindenstraße 56** in der **Innenstadt**. Hausgemachte, frische Speisen mit Pfiff und tollen Gewürzen machen einen Besuch im Laila unvergesslich. Zu beachten ist jedoch, dass man hier **nicht mit EC Karte** zahlen kann!

Und um die kulinarische Abwechslung zu vollenden – noch ein **russisches** Restaurant. Passenderweise in der **Russischen Kolonie 1** zu finden ist das Restaurant „**Russische Teestube**". Hier erhalten Sie größtenteils Getränke, aber auch russische Speisen wie Pelmeni, Blini und Boeuf Stroganoff, welche Sie in einem stillvoll eingerichteten Lokal genießen können. Die Preise bewegen sich hier eher im Mittelfeld.

# Freizeitaktivitäten in Potsdam

**W**em die ganze Kultur in Potsdam irgendwann zu viel wird, der hat zum Glück noch viele andere Möglichkeiten, sich zu beschäftigen.

# RUHE BITTE – TON, KAMERA UUUUUUND ACTION!

Ganz oben auf der Liste der beliebtesten Ziele, wenn es um die Gestaltung der Freizeit geht, steht natürlich der **Filmpark Babelsberg**. **4D Kino, Stuntshow** und **Tiervorführungen** runden das große Angebot an Attraktionen ab, wobei jede Attraktion immer auch den **Bezug zum Film** beibehält. So findet man im Park einige der **Kulissen aus der Serie „Gute Zeiten Schlechte Zeiten" (GZSZ)**. Auch der berühmte blaue **Bauwagen von Peter Lustig** ist im Park zu finden. Kindheitserinnerungen quasi zum Anfassen.

Auch wer sich mehr für die Arbeit vor und hinter der Kamera interessiert, kommt hier im Filmpark voll und ganz auf seine Kosten. In **„Mitmach-Workshops"** kann man sich als Wetterfee oder Moderator versuchen. Auch das **„Making-of" beim Film** wird hier beleuchtet. Egal, ob **Maskenbildner**, **Bühnenbauer** oder **Synchronsprecher**. Man gewinnt faszinierende Einblicke in die Welt des Films und Fernsehens. Tipp: Wer mehr über die Geschichte der Filmstudios Babelsberg erfahren möchte, findet

Informationen dazu im Kapitel *„Die Geschichte des Films in Potsdam".*

**Horrorfans** können im Park einen Gang durch das **Horrorhaus** wagen. Eine unscheinbare Tür führt in ein Haus, in dem man das Gefühl nicht los wird, immer und ständig beobachtet zu werden... Wer danach Lust auf mehr Grusel hat, kann sich im **Horror-Shop** mit allerlei schaurig schönen Dingen eindecken, wie zum Beispiel Dracula-Zähnen oder Kunstblut.

Für Freunde des **Western** gibt es hier eine ganze **Westernstadt**, mit **Saloon**, **Grill** und **Gold-schürfstätte**. Eine **tierische Show** mit **Wild-West-Humor** rundet das Erlebnis ab. Nach so viel Aufregung ist ein Besuch im **Westernshop** Pflicht.

Fans des **Mittelalters** können hier im Filmpark sowohl in der **mittelalterlichen Stadt** auf Entdeckungsreise gehen als auch auf dem **mittelalterlichen Marktplatz** ein ganz besonderes Feeling genießen. Aber Achtung: Wer sich nicht benimmt, wird von der **Guillotine,** die mitten auf dem Platz steht und die Blicke auf sich zieht, geköpft!

Wer mit dem Leben davongekommen ist, wird sich stärken wollen. Im **Restaurant Prinz**

**Eisenherz** wird gespeist wie in früheren Zeiten. Man fühlt sich dabei wie ein **Ritter der Tafelrunde**.

Nach dem üppigen Mahl wird erst einmal geruht. Für Entspannung sorgt das **„Panama Land" von Janosch**. Mit dem Boot geht es durch immer grüne Wiesen und ein Land voller Geheimnisse.

Wer genug verdaut hat und wieder fit ist für Action, der sollte sich die **Stunt Show im Vulkan** nicht entgehen lassen. **Feuer, Action, Nervenkitzel**! Und wer danach angefixt ist von all den coolen Stunts, der ist herzlich eingeladen beim **Stunt-Schnupperworkshop** mitzumachen und selbst einmal zum Stuntman zu werden.

Für das **leibliche Wohl** und die Befriedigung von kleinen (und großen) Süßmäulern sorgen mehrere Spots im Park. So kann man sich von Restaurant zu Restaurant hangeln und findet überall etwas, was einem schmeckt. Egal, ob Hotspot für Naschkatzen im **„Sweet Dreams"** Haus, das **Kongs Quest** mit Eiscreme und Hot Dogs, der **Westerngrill** mit deftigem Essen, welches einem Cowboy würdig ist oder klassische Bratwurst und Bulette im **„Radio Diner"**. Satt wird man in jedem Fall! Aber aufpassen: Wer sich gerade den Magen vollgeschlagen hat, sollte nicht ins

4D Action gehen! Dort wird man nicht nur optisch sondern auch physisch mitgerissen und erlebt Kino auf eine völlig neue Art und Weise.

Für einen Ausflug in den Filmpark Babelsberg sollte man in jedem Fall den kompletten Tag einplanen. Finanziell bewegt sich der Besuch weiter oben auf der Skala. Die **Eintrittspreise** bewegen sich **zwischen 15 und 22 Euro**. Für manche **Attraktionen** im Park oder den **Einkauf** in einem der vielen Shops muss jedoch meist noch der ein oder andere **Euro mehr** eingeplant werden.

## WASSERACTION AHOI!

In einer Stadt mit so viel Wasser ist natürlich auch Wassersport eine angesagte Freizeitbeschäftigung. So gibt es in Potsdam an mehreren Stellen die Möglichkeit, sich ins kühle Nass zu stürzen und sich sportlich zu betätigen.

Die erste Möglichkeit, sich mehr auf als im Wasser zu bewegen, ist eine relativ neue Sportart: Das **Stand Up Paddling**, kurz SUP. Auf einer Art Surfbrett stehend paddelt man durchs Wasser, genießt die frische Brise und schafft es, mit etwas Übung, fast trockenen Fußes wieder zurück an Land. Eine Anlaufstelle für dieses Vergnügung ist **„Sup Trip"**. Zu finden ist dieses Unternehmen, welches sowohl Touren und Kurse für Einsteiger als auch für Fortgeschrittene anbietet, in der **Kastanienallee 22c am Yachthafen Potsdam**. Von dort geht es auf der Havel, stehend auf dem Brett, zur Sache.

Preislich bewegt sich dieses hoffentlich nicht allzu nasse Vergnügung zwischen **20€ und 135€**. Je nachdem, wie viele Personen teilnehmen und ob man eher nur einen kleinen Kurs besuchen möchte oder direkt eine größere Tour paddeln will.

## DIKI TOURS – DAS ETWAS ANDERE BOOT

Typisch für Potsdams Gewässer ist der Anblick von kleinen **Hausbooten**. Diese hölzernen Kästen, die sehr urtümlich anmuten, sind gerade im Sommer wahnsinnig beliebt. Egal, ob Tagestour oder mehrere Tage zu Wasser – das Floß aus Holz ist der Hit auf Potsdams Wasserstraße – der Havel. Direkt im Herzen Potsdams liegt der Abfahrtshafen. **Am Wall am Kiez 1 in 14467 Potsdam** geht es los. Unweit des Naturkundemuseums können Sie Ihr Boot abholen und losschippern, nachdem Sie vor Ort eine Einweisung erhalten haben. Für das Führen des Bootes benötigen Sie keinen Führerschein. Ideal für jeden, der den Tag gern auf dem Wasser verbringen möchte. Preislich müssen Sie für dieses Vergnügen jedoch deutlich tiefer in die Tasche greifen, als für viele andere Unternehmungen.

Ein Tagesticket **für das kleinste Floß (bis 8 Personen)** kostet schlappe **195€**. Wer **nicht bis 18 Uhr zurück** ist und das Boot somit später abgibt, muss **45€ Aufschlag** zahlen. Hinzukommen **14€ als Reinigungs- und Toilettenpauschale**. Nach Rückgabe des Bootes wird neu aufgetankt und das verbrauchte **Benzin** muss ebenfalls bezahlt werden. Dafür wird eine **Pauschale** fällig, die sich nach dem Füllstand des Tanks berechnet. So müssen **zwischen 20 und 50 €** für die Auffüllung des Tanks eingeplant werden.

Außerdem sollte an die **<u>Kaution in Höhe von 500€</u>** gedacht werden. Auf diese Summe beläuft sich die Eigenbeteiligung im Schadensfall... Alles in Allem kein günstiges Vergnügen, dafür aber sicher unvergesslich. Potsdam, vom Wasser aus betrachtet, ist noch mal eine ganze Ecke schöner.

## SURFEN WIE AUF HAWAII

Wer bei strahlendem Sonnenschein und Wellengang nur an Surfen denken kann, der ist beim „**Wassersport in Potsdam**" genau richtig. Egal, ob Einsteiger oder Profi –hier kann auf dem windreichsten See Potsdams, dem Templiner See, jeder mit dem Board loslegen und sich vom Wind treiben lassen. Unter Anleitung von VDWS geprüften Surflehrern geht es dann hinaus aufs Wasser. Kostentechnisch ist dieses Erlebnis in jedem Fall erschwinglich. Für einen kleinen **Schnupperkurs** (2 Stunden) werden gerade einmal **49€** fällig. Wer plant, während des Urlaubs öfter vorbeizukommen, der sollte direkt den **Einsteigerkurs** wählen und zahlt für insgesamt **10 Stunden 169€**.

Zu finden ist die Station direkt auf dem Campingplatz Sanssouci. Da Navis die Adresse an der Pirschheide nur selten direkt finden, ist es ratsam der Ausschilderung zu folgen.

# WASSERSKI UND WAKEBOARDEN

Ebenfalls auf dem Templiner See sind Wasserski fahren und Wakeboarden möglich. Im Waldbad Templin steht die Anlage vom „MAGIX WakePark 2.0". Auch hier sind Anfänger und Fortgeschrittene willkommen. Je nach eigener Erfahrung kann der passende Kurs gewählt werden. Preislich bewegt sich dieses nasse Abenteuer im gleichen Bereich wie das Surfen. Der **Kurs für Anfänger** kostet **39€** und dauert etwa **30 Minuten**. Wer schon etwas Erfahrung mitbringt, kann den **Fortgeschrittenenkurs** wählen und zahlt für **30 Minuten etwa 45€**. Ein **Einzeltraining** im **Wakeboarden** kostet **25€**. Außerdem gibt es die Möglichkeit, am Lift mit dem **Funtube**, einem großen luftgefüllten Ring, ordentlich Spaß zu haben. Dafür sind dann **25€** fällig. **Für Kinder** gibt es ebenfalls ein Angebot. **15 Minuten** Fun und Action, egal ob beim **Wasserski**, **Wakeboarden** oder **Funtube**, kosten dann **19€**.

# KANU-RUNDTOUR

Wer lieber für sich allein ist, der kann sich unweit des Bahnhofs Griebnitzsee ein Kanu oder Kajak ausleihen. Wer sich für diese Art der Erkundung entscheidet, sollte mindestens einen Tag vorher online reservieren. Möglich ist das auf der Internetseite: https://potsdam-per-pedales.de

Preislich ist dieser Spaß bereits **ab 8 €** zu haben. So viel kostet im Dayliner 1 Stunde Paddelspaß. **Jede weitere Stunde kostet 4€.** Oder man entscheidet sich gleich für einen ganzen Tag. Solch ein **Tagesticket** schlägt dann mit **24€** zu Buche. Je nach Modell kann der Preis auch noch etwas höher liegen. Für den 3er Kanadier sind aber **maximal 32€** für einen Tag fällig. Alles in allem ein sehr erschwinglicher Preis.

Da nahezu alle Potsdamer Gewässer miteinander verbunden sind, kann man ohne Probleme eine große Tour planen. Je nach Kondition des Paddlers versteht sich. Tipp: Sonnencreme und Sonnenhut nicht vergessen!

# HOCH HINAUS

Wem Wassersport schlichtweg zu nass ist, der kann sich als **Kletterprofi** versuchen und im **Abenteuerwald Potsdam** nach den Baumwipfeln greifen. In der **Albert-Einstein-Straße 49** befindet sich der Park, der neben der Kletterei auch noch andere tolle Erlebnisse zu bieten hat. So kann man sich im Bogenschießen versuchen oder auf der Riesenseilrutsche den eigenen Puls in die Höhe treiben.

Für jeden ist etwas dabei. Auch Kinder (ab einer Körpergröße von 110cm) kommen hier auf ihre Kosten. Je nachdem wie erfahren Sie sind, können Sie aus unterschiedlichen Parcours wählen. In 3 Metern Höhe ist der Boden noch recht nah. Wer jedoch ein richtiger Adrenalinjunkie ist und schon klettererfahren ist, kann sich auch auf den Expertenparcours wagen und in schwindelerregenden 12 Metern Höhe durch die Bäume hangeln.

Preislich bewegt sich ein Besuch im Abenteuerwald auch eher im unteren bis mittleren Bereich. Für ein normales Ticket mit **2 Stunden Kletterzeit** sind gerade einmal **24€** fällig (für einen Erwachsenen). Wer sich noch **länger** in der Höhe herum treiben möchte zahlt **7€ Aufpreis**. Die **Riesenseilrutsche** schlägt mit gerade einmal **3 €** zu Buche. Zusätzlich sollte man noch **ein paar Euro** einplanen, wenn man vor Ort im **Waldbistro** einen Snack zu sich nehmen möchte, aber auch hier gestalten sich die Preise sehr fair.

## EINE FRAGE DES GLÜCKS? – GLÜCKSSPIEL IN POTSDAM

Wer am Ende seiner Reise noch ein paar Euros übrig hat und sein Glück herausfordern möchte, darf dies gern im **Spielcasino Potsdam in der Schloßstraße 4** tun. Auf zwei Ebenen erwarten den Gast über 80 **Automaten**, sowie **Poker-, Black Jack- und Roulettetische**. In einem wirklich edlen Ambiente kann man hier versuchen, sein hart verdientes Geld zu vermehren.

Wer seine Nerven beruhigen möchte, kann sich an der reichlich ausgestatteten Bar einen Cocktail oder Sekt genehmigen. Damit man den Alkohol nicht auf leeren Magen zu sich nehmen muss, kann an der Bar auch etwas für das leibliche Wohl bestellt werden. Egal, ob Currywurst, Salat oder Kuchen – für jeden ist etwas dabei, auch wenn die Karte sicher nicht so reich gefüllt ist wie in einem Restaurant. Eines muss man dem Casino jedoch zu Gute halten – die Preise für Speisen und Getränke sind sehr günstig. So bleibt mehr Geld übrig, mit dem man die Automaten füttern kann...

# Filmgeschichte in Potsdam

Bereits seit über 100 Jahren ist der Film in Potsdam beheimatet und hat bereits große, international bekannte Filme hervorgebracht. 1911 zog Guido Seeber mit seiner Filmgesellschaft „Bioskop" in ein leerstehendes Gebäude auf dem heutigen Gelände des Studio Babelsbergs. Noch im selben Jahr begannen dort in einem Atelier die Dreharbeiten zum Film „Der Totentanz" mit Asta Nielsen. Dies war der Grundstein für die gesamte Filmgeschichte Potsdams. Es folgten weitere Filme der Reihe, die in ganz Europa erfolgreich waren. Nur 2 Jahre nach „Eröffnung" des Drehstandortes entstand dort der Film „Der Student von Prag", unter der Leitung des Regisseurs Stellan Rye und wurde zum Erfolg. 1916 begann mit dem Film „Homunculus" die Produktion von Monumental- und Ausstattungsfilmen. Man versuchte das Studio an den damals größten Filmproduzenten „Ufa" (Universum Film i.G.) zu verkaufen - scheitert jedoch.

1920 entwickelte sich, durch eine Fusion mit „Deutsche Eclaire-Gesellschaft", das bereits von der Pleite bedrohte Unternehmen „Bioskop" zur zweitgrößten Filmgesellschaft nach der „Ufa".Nur ein Jahr später fusioniert das bereits fusionierte Unternehmen schlussendlich mit der „Ufa" und wird so zur marktbeherrschenden Filmproduktionsfirma.

Im Jahre 1922 erlangte man auch über die europäischen Grenzen hinaus Gehör, was dazu führte das Hollywood Praktikanten schickte, welche die ausgefallenen Bühnenbilder und Trickerfindungen begutachten sollten. 1924 trat Alfred Hitchcock, damals noch als Regieassistent, das erste Mal hervor. Die weitere Geschichte ist geprägt durch das Naziregime und seine Auflagen und Anforderungen an die

Produktionen und auch die Mitarbeiter.Adolf Hitler höchstpersönlich besuchte 1935 die Ateliers des Ufa-Geländes.

1939 wurde sogar ein Luftschutzbunker errichtet, um im Falle eines Falles gewappnet zu sein. 1946 wird die Deutsche Film AG gegründet (kurz DEFA). Seitdem prägen antifaschistische Filme die Produktionen. 1953 geht die DEFA nach jahrelanger sowjetischer Kontrolle in Staatseigentum über. 1978 kann die DEFA 1100 Verträge mit Filmverleihgeschäften und Fernsehstationen aufweisen und die produzierten Filme werden in über 80 Länder exportiert. 1992 erhält die heutige Firma Vivendi den Zuschlag für den Kauf der DEFA und verleiht ihr ihren neuen Namen „Studio Babelsberg GmbH".

1995 beginnt die Grundy Ufa mit der Produktion der Erfolgsserie „Gute Zeiten schlechte Zeiten". 1998 wird auf dem Gelände der Straßenzug für den Film „Sonnenallee" gebaut und später für weitere Produktionen immer wieder umgebaut. In den folgenden Jahren werden Kassenschlager wie „Die Bourne Verschwörung", „V wie Vendetta", „Das Bourne Ultimatum", „Operation Walküre" und „The International" gedreht und verhelfen dem Studio zu rekordverdächtigen Einnahmen. Auch in den folgenden Jahren kann das Studio große Aufträge an Land ziehen und ist an den Dreharbeiten zu „Inglorious Bastards", „Der Vorleser", „Der Ghost Writer", „Anonymous", „Die drei Musketiere" und „Hänsel und Gretel: Hexenjäger" beteiligt. Größen wie George Clooney, Cate Blanchett, Bill Murray, Ryan Reynolds und Willem Dafoe kommen nach Babelsberg und unterstreichen den internationalen Ruhm des Unternehmens.

Das Studio Babelsberg ist 2014 sogar gleich mit 3 internationalen Produktionen im Wettbewerb der Berlinale vertreten, unter anderem mit der Koproduktion von „Die Tribute von Panem – Mockingjay" und „Bridge of Spies – Der Unterhändler".

# Unterwegs in Potsdam

Ein Stück weiter oben im Text erwähnte ich bereits die **Wassertaxis**. Die quietschgelben Boote stellen im wasserreichen Potsdam tatsächlich ein ganz normales und legitimes Fortbewegungsmittel dar. So erreicht man mit dem Wassertaxi innerhalb von nur knapp einer Stunde Sacrow und kann auf dem Weg dahin Potsdam von seiner schönsten Seite betrachten und genießen. Ein **Tagesticket kostet 19€** und man kann vom Strandbad Templin bis zur Sacrower Heilandskirche fahren und auch wieder zurück. Ein Zwischenstopp im Babelsberger Park gefällig? Kein Problem. Von März bis Oktober fahren die Wassertaxis quasi im Minutentakt und das von 9.45 Uhr bis 18.45 Uhr.

Wer Potsdam auf eine etwas andere Art erleben möchte, kann sich in einer chinesischen **Rikscha**, auch **Velo Taxi** genannt, durch die Gegend fahren lassen. Für zwei Personen kostet eine Stunde **Stadtrundfahrt 30€**. Wer noch länger herumgeradelt werden möchte, zahlt **pro weiterer Stunde 25€**. Wenn Sie in einer größeren Gruppe nach Potsdam gereist sind und ein wenig **Nostalgie** verspüren möchten, dann können Sie eine **alte Tram (Straßenbahn) mieten**. Dabei haben Sie sogar die Wahl zwischen mehreren Modellen.

Egal, ob **Großraum Gelenkwagen 177, Gotha-Dreiwagen-Zug oder Tatra KT4D Prototyp**. Hier kommen Nostalgie- und Straßenbahnfans voll und ganz auf ihre Kosten. Allerdings muss dafür auch ein wenig tiefer in die Tasche gegriffen werden. **1,5 Stunden kosten zwischen 190 und 470€,** je nachdem, welche Tram sie mieten möchten. Wer lieber auf die „**Standard-Fortbewegungsmittel**" zurückgreifen möchte, der kann natürlich auch **Bus, Tram**

**oder S-Bahn** nutzen, um sich in Potsdam von A nach B zu bewegen. Potsdam besitzt ein sehr gut ausgebautes Netz und man kommt im Prinzip von überall gut weg und überall gut hin. Auch preislich kann der öffentliche Personennahverkehr punkten. Man kommt hier mit einem **Tagesticket für 5,80€** im Tarifbereich Potsdam ABC nahezu überall hin und reist damit sehr kostengünstig.

# Veranstaltungstipps

Jedes Jahr finden in der Landeshauptstadt unzählige Events statt. Für jeden dürfte hier etwas dabei sein. Diese Stadt ist so bunt und so vielfältig, sodass für jeden Geschmack und jeden Touristen etwas im Veranstaltungskalender dabei sein dürfte.

# SCHLÖSSER LAUFEND ERLEBEN

Wer die Schlösser Potsdams nicht nur mit einem Durchschnittstempo von gemächlich gelaufenen 3 km/h erleben möchte, sondern Teil des großen Ganzen sein möchte, für den ist der „Schlösserlauf" sicher eine feine Sache. Die Läufer haben dabei die Wahl zwischen der 10 km Strecke und einem Halbmarathon.

Wer sich für die längere Strecke entscheidet, erlebt so im Pulk der anderen Läufer und in einer ganz speziellen Atmosphäre sowohl die Innenstadt als auch viele Teile des UNESCO Welterbes. Die Läufer starten am historischen Luftschiffhafen, passieren dann das Brandenburger Tor, bevor sie durch die Innenstadt hindurch in Richtung Humboldtbrücke weiterlaufen. Dort überqueren sie die Havel und gelangen dann in den Park Babelsberg.

Danach ist Klein Glienicke an der Reihe. Nach der Überquerung des Teltowkanals befindet man sich kurzzeitig in der Nachbarstadt Berlin, bevor man entlang der Havel bis zum Jungfernsee läuft. Danach beginnt dann, etwa bei Kilometer 11, der wahre Schlösserlauf. Durch den Neuen Garten, vorbei an Cecilienhof und der Meierei, durch die russische

Kolonie Alexandrowka, gelangt man schließlich in den Park Sanssouci und kann dort, laufend, kurz hinter der historischen Mühle, das Schloss Sanssouci, sowie das Orangerieschloss und das Neue Palais betrachten, bevor es wieder zurück zum Luftschiffhafen geht.

Die Teilnahmegebühr richtet sich nach der Länge der Strecke und dem Zeitraum der Anmeldung. Wer sich früh entscheidet teilzunehmen, zahlt für die **10 km 25 €**, für den **Halbmarathon 30 €**. Für etwas **kürzer entschlossene** steigt der Preis jeweils um **5 €**. Und für ganz **Kurzentschlossene** sind nochmals **5 € mehr** fällig. Wer dann auch noch eine **bestimmte Startnummer** haben möchte, muss **nochmals 5 €** berappen.

Die Anmeldung erfolgt online, per Fax oder per E-Mail und die Bezahlung erfolgt per Einzugsermächtigung oder Überweisung. Im Preis enthalten sind dafür ein T-Shirt, ein Starterbeutel mit einer Broschüre, ein Gutschein für die abendliche Pasta-Party (nur für Halbmarathonläufer!) sowie der Chip der zur Zeitenerfassung am Schuh des Läufers befestigt wird, sowie eine Medaille und Teilnehmerurkunde. Auch junge Läufer können an dieser

Veranstaltung teilnehmen. Sie starten beim **Kids Run** und absolvieren eine Strecke von 1.000 m. Die Teilnahmegebühr für die jungen Teilnehmer beträgt dabei **8 €**. In diesem Preis sind die Startnummer, eine Medaille, Getränke sowie Obst und Snacks enthalten. Außerdem finden danach noch Kinderschminken und eine große Tombola statt.

*Infos* unter *www.potsdam-schloesserlauf.de*

<u>Wo?</u> Luftschiffhafen Potsdam, Olympischer Weg 2, 14471 Potsdam

<u>Preise</u>: frühe Anmeldung: 10 km = 25 €, Halbmarathon = 30 €

- normale Anmeldung: 10 km = 30 €,
        Halbmarathon = 35 €
- späte Anmeldung: 10 km = 35 €,
        Halbmarathon = 40 €

Kinder: 1 km = 8 €

Wunschstartnummer: 5 €

# POTSDAMER SCHLÖSSERNACHT

Wem der Anblick der Schlösser bei Tag oder beim Vorbeilaufen während des Schlösserlaufs, zu langweilig ist, der sei herzlich eingeladen zur Potsdamer Schlössernacht. An zwei Abenden versetzen fantastische Lichtarrangements und künstlerische Visualisierungen den Park Sanssouci in ein völlig anderes Licht und lassen diesen Ort förmlich magisch erscheinen. Auch kulinarisch wird an diesen Abenden einiges geboten.

Wer dieses Spektakel betrachten möchte, muss ein kleines bisschen tiefer in die Tasche greifen. Das Ticket für **Freitag** kostet **39 €**. Ein Ticket für **Samstag** kostet **44 €**. Ermäßigung gibt es für Schüler ab 14 Jahren sowie Studenten (bitte Schüler- oder Studentenausweis mitbringen!). Kinder unter 14 Jahren erhalten freien Eintritt. Jedoch benötigen alle Kinder unter 16 Jahren eine erwachsene Begleitperson!

_Infos_ unter _www.potsdamer-schloessernacht.de_

<u>Wo?</u> Park Sanssouci, Zur Historischen Mühle 1, 14469 Potsdam

<u>Preise</u>: Freitag = 39 € / Samstag = 44 €

- Ermäßigung für Schüler ab 14 Jahren + Studenten
- Kinder unter 14 Jahren = freier Eintritt

## NÄCHTLICHE SCHLÖSSERFAHRT AUF DER HAVEL

Wer keine Lust hat, die Schlösser zu Fuß zu erkunden und wem es egal ist, ob er sich die Bauwerke auch von innen anschauen kann, für den ist die nächtliche Schlösserfahrt definitiv empfehlenswert. Es liegt ein Hauch Romantik in der Luft, wenn die „Weisse Flotte Potsdams" ausläuft, man das Glas Sekt genießt und gen Sonnenuntergang fährt. Ein Blechbläserkonzert läutet den Beginn der Fahrt ein und der erste Höhepunkt ist die mit Fackeln erleuchtete Heilandskirche. Auf dem weiteren Weg zieht man wundervoll beleuchteten Hohenzollernschlössern vorbei, bis man schlussendlich am Feuerregen von der Glienicker Brücke endet und die spektakuläre Verwandlung der Havel betrachten kann, die sich unter eben jenem Feuerregen in ein wahres Flammenmeer verwandelt.

<u>Preise</u>:

Freitag = 34 € mit Begrüßungsgetränk, oder 47 € mit Begrüßungsgetränk und 3-Gänge-Menü

Samstag = 36 € mit Begrüßungsgetränk, oder 49 € mit Begrüßungsgetränk und 3-Gänge-Menü

## POTSDAMER LICHTSPEKTAKEL

Wer von den wundervoll inszenierten Lichtarrangements bei der Schlössernacht oder den toll arrangierten Beleuchtungen bei der nächtlichen Schlösserfahrt nicht genug bekommen konnte, dem sei das Potsdamer Lichtspektakel ans Herz gelegt. 3 Nächte lang werden die verschiedensten Gebäude in Potsdam auf wundervolle Art beleuchtet und angestrahlt. Zu den Gebäuden, die man in diesen Nächten betrachten kann, gehören: die Bahnhofspassagen, das Belvedere auf dem Pfingstberg, die Berliner Volksbank, die Biosphäre Potsdam, das Brandenburger Tor, das Filmmuseum, der Flatowturm im Park Babelsberg, die Freundschaftsinsel, die Hegelallee, das Holländische Viertel, das Hotel am Brandenburger Tor, das Jägertor, das Kulturquartier in der Schiffbauergasse, das Kutschstallensemble, das

Landtagsgebäude am Alten Markt, der Luisenplatz, das Mercure Hotel, das Naturkundemuseum, das Nauener Tor, das NH Voltaire Hotel, der Nikolaisaal, das Potsdam Museum, das Rathaus, das Schloss Babelsberg, die St. Nikolaikirche am Alten Markt, der Stadtkanal sowie das Stern Center. Der Eintritt zu diesem Event ist kostenlos. Durch die unterschiedlichen Locations ist ein Ticket so oder so nicht möglich. Jedoch sollte genügend Budget für die kulinarische Verpflegung eingeplant sowie für die öffentlichen Verkehrsmittel eingeplant werden, denn nach Bier und Wein – lass das Autofahren besser sein!

<u>Preise</u>:

Eintritt = kostenlos

# STADTWERKEFEST

Das Stadtwerkefest, welches als Dankeschön für die Kunden der Potsdamer Stadtwerke gedacht ist, ist das größte Open Air Festival Potsdams. Jeden Sommer wird diese Großveranstaltung im Neuen Potsdamer Lustgarten von rund 60.000 Menschen besucht. Über 3 Tage hinweg wird ein breites

Spektrum an Musik und kulinarischen Köstlichkeiten geboten. Freitags kommen Liebhaber der klassischen Musik auf ihre Kosten. Der Samstag hingegen steht ganz im Zeichen der Pop- und Rockmusik. Der Sonntag ist meist eher den Familien mit Kindern vorbehalten. Der Eintritt ist immer frei! Die Anreise mit den öffentlichen Verkehrsmitteln wird empfohlen, jedoch sind auch Parkplätze im Umkreis vorhanden. Die Parkplatzauslastung kann auf mobil-potsdam.de eingesehen werden. Wer mit den „Öffis" anreist, erreicht das Festival fußläufig vom Hauptbahnhof aus. Größen wie Adel Tawil, Christina Stürmer, Max Giesinger, Anastacia, Lionel Richie, Santana, Joe Cocker, Silly, Andreas Bourani, JULI, Keimzeit, Mark Forster und Co. gaben sich auf diesem Fest bereits die Klinke in die Hand.

Preise:
Eintritt = kostenlos

# FEUERWERKERSINFONIE

Der Sommer in Potsdam hat jedoch noch mehr zu bieten. So findet zumeist im Juli die Feuerwerkersinfonie im Volkspark Potsdam statt. An zwei Tagen treten vier Feuerwerker-Teams gegeneinander an und versetzen die feuerwerkbegeisterten Besucher in Staunen. Begleitet von fantastischer Rock- und Popmusik bleibt diese Veranstaltung für immer im Gedächtnis der Besucher. Neben der pyrotechnischen Show finden auch einige Bühnenprogramme aus den Bereichen Comedy und Musik statt.

Preislich müssen Sie mit **16,50 € je Abend** rechnen. Wer gleich an beiden Abenden anwesend sein möchte, kann ein **Kombiticket** für **26,50 €** erwerben. Es ist sogar ein **Blick hinter die Kulissen** möglich. Dieser schlägt jedoch noch einmal mit **19,50 €** zu Buche.

Preise:

1 Abend = 16,50 €

Kombiticket = 26,50 €

Backstage-Pass = 19,50 €

## POTSDAMER ERLEBNISNACHT

Der Juli in Potsdam kann aber noch mehr! So findet jedes Jahr die Potsdamer Erlebnisnacht statt. Die Potsdamer Innenstadt verwandelt sich an diesem Abend in ein riesiges Fest mit Musik, Tanz, Speis´ und Trank. Egal, ob klassische Bratwurst, exotisches Iberoschwein, Scampi am Spieß oder Champignonpfanne. Für jeden Geschmack ist etwas dabei. Begleitet von toller Livemusik und vielen fröhlichen Leuten tanzt man gemeinsam in den Sonnenuntergang.

Preise:
Eintritt = kostenlos
An dem Tag gezogene Einzelfahrausweise (Potsdam AB) gelten als Tagesticket!

## BIOSPHÄRE POTSDAM

Die Biosphäre Potsdam ist quasi ein Dschungel mitten in der Großstadt, der eine eigene Adresse hat. Nämlich die Georg-Hermann-Allee 99, 14469 Potsdam. Mitten im Volkspark Potsdam, im Stadtteil Bornstedt, befindet sich dieses faszinierende Gebäude, welches einst für die Bundesgartenschau

2001 neu hergerichtet wurde, nachdem es überwiegend militärisch genutzt wurde. Heute beherbergt es über 20.000 tropische Pflanzen und Tiere. Im Mai 2009 wurde das eh schon faszinierende Angebot noch um ein Schmetterlingshaus erweitert. Wer sich auf das Abenteuer Biosphäre einlässt, vergisst sehr schnell, dass er sich eigentlich noch mitten in Potsdam befindet. Man taucht ein in die Welt des Dschungels, inklusive der tropischen Wärme und der hohen Luftfeuchtigkeit. Stündlich erklingt sogar ein Gewitter, welches das Gefühl verstärkt, sich gerade mitten im tiefsten Regenwald zu befinden. Eintritt Biosphäre

Tagesticket Erwachsene = 11,50 €
ermäßigter Eintritt = 9,80 €
Kinder (6-13 Jahre) = 7,80 €
Kinder (3-5 Jahre) = 4,50 €
Kinder (unter 3 Jahre) = kostenlos

## KOI FÜTTERUNG

Wer sich für die schuppigen, aus Japan stammenden und meist sehr bunten Koi Karpfen interessiert und ihnen gern einmal etwas näher kommen möchte, der ist jeden Tag 12 Uhr mittags eingeladen, in der Biosphäre Potsdam bei der Koifütterung dabei zu sein. Die vielen wunderschönen Fische sind zahm und können unter Anleitung der Koi-Experten von Ihnen aus der Hand gefüttert. Eine Anmeldung ist nicht notwendig und die Fütterung bereits im Eintrittspreis der Biosphäre enthalten. Treffpunkt ist das Tropencamp am Urwaldsee.

Preise:
im Eintrittspreis enthalten

## SENIORENTAG IN DER BIOSPHÄRE

Jeden Montag (außer an Feiertagen) ist in der Biosphäre Potsdam „Seniorentag". An diesem Tag bekommen alle Besucherinnen und Besucher, die bereits ihren 60. Geburtstag gefeiert haben, eine Tasse Kaffee und ein Stück Kuchen gratis. Dieses Angebot ist bereits im Eintrittspreis enthalten. Abzuholen sind diese Aufmerksamkeiten im Tropencamp am Urwaldsee.

Preise:

im Eintrittspreis enthalten

## DISCOPARTY AUF DER HAVEL

Für wen Discomusik, bestehend aus einem Mix aus House, Charts und Klassikern und Wasser eine gute Kombination sind, der sollte sich die Partyfieber-Fahrt der „Weissen Flotte Potsdams" nicht entgehen lassen. 6 Abende in Juli, August und September wird die MS Sanssouci zur schwimmenden Partyfähre. Wem nach dem Tanzen auf dem Oberdeck zu warm geworden ist, der kann sich mit kühlen Drinks an der Sunshine-Bar unter freiem Himmel wieder etwas abkühlen. Sollte das Wetter mal nicht so prickelnd sein, dann wird die ganze Party einfach in den gro-ßen Salon verlegt. So oder so eine gelungene Disco-Party und das mitten auf der Havel.

Preise:

Vorverkauf = 15 €

Abendkasse = 16 €

## POTSDAM FRÜHER

Wer gern wissen möchte, wie Potsdam früher aussah, wie dort gelebt und gearbeitet wurde, der ist herzlich eingeladen zur „Familienführung" im Potsdam Museum. Jeden ersten Sonntag im Monat findet dort eine Führung für Groß und Klein statt. 45 Minuten lang kann man die Geschichte der Stadt entdecken.

<u>Preise:</u>
Eintritt = kostenlos

# Geheimtipps für die Übernachtung

Potsdam ist natürlich auf die vielen Touristen vorbereitet und im ganzen Stadtgebiet verteilt gibt es über 40 Hotels und Pensionen. Auch im Potsdamer Umland lässt es sich gut übernachten. Vom Anno 1900 Hotel Babelsberg über das große Mercur Hotel bis hin zum Dorint Hotel Sanssouci. Für jeden Geschmack und jede Preisklasse ist etwas dabei. So kostet ein Doppelzimmer im Anno 1900 Hotel Babelsberg beispielsweise rund 100 € pro Nacht. Günstiger ist dagegen die

Apartmentpension Am Krongut. Hier bezahlt man für ein Doppelzimmer zwischen 47 € und 63 €. Weitere Informationen dazu finden Sie auf www.hotels-potsdam.de

Wer kein Problem damit hat, in „fremden Betten" zu schlafen, der kann sich recht einfach, bequem und meist auch deutlich kostengünstiger über „Airbnb" in private Wohnungen einmieten. Hier ist die Nacht bereits ab 20 € zu haben und man erlebt direkt das typische Potsdamer Flair. Egal. ob kleines Zimmer mitten in Babelsberg oder ein ruhiges Gästezimmer nahe des Park Sanssouci. Überall verteilt in der Stadt sind Anbieter, die entweder ein Gästezimmer oder direkt ihre ganze Wohnung zur Verfügung stellen. Und einen Vorteil darf man dabei nicht außer Acht lassen: Man ist direkt im Potsdamer Leben. Zusammen mit dem Gastgeber wird gefrühstückt und man kommt direkt ins Gespräch.

Nicht selten entstehen dabei Freundschaften fürs Leben. Wenn Sie also kein Problem mit etwas weniger Privatsphäre haben und der Übernachtung in einer privaten Wohnung offen gegenüberstehen, dann sollten Sie in jedem Fall über Airbnb nachdenken und dort ihre Unterkunft buchen. Näher an

Potsdam und seinen Bewohnern kann man nicht übernachten.

# Zusammenfassung

Potsdam ist bunt, Potsdam ist vielfältig, Potsdam begeistert, Potsdam erstaunt. Wer sich vornimmt, diese wunderbare Stadt zu besuchen, der sollte in jedem Fall mindestens eine Woche Zeit nehmen, um auch nur ansatzweise alle wirklich sehenswerten Dinge zu sehen und alle ausprobierenswerten Dinge zu tun. Wer mit häufigen „Umzügen" kein Problem hat, der sollte sich überlegen, gleich mehrere private Gästezimmer zu mieten, um mehr von der Stadt zu sehen und vor allem von den Leuten mehr zu erfahren. Preislich ist Potsdam sicherlich nicht das günstigste Reiseziel, aber schlussendlich jeden Cent wert. Kultur, Geschichte, Freizeitangebote, Natur, Gewässer und nicht zuletzt auch die Menschen, die hier leben rechtfertigen jede Investition und lassen Ihren Urlaub in dieser Stadt im Herzens Brandenburg zu einem unvergesslichen Erlebnis werden. Egal, ob Babelsberg, Vorstadt, der Wildpark oder die Randgebiete wie Bornstedt, Grube und Golm. Jede Ecke in Potsdam fasziniert auf ihre ganz eigene Weise und egal was Sie suchen – in Potsdam werden Sie es finden. Vom Trubel der Großstadt bis zur Ruhe-Oase in der Natur.

***Potsdam erwartet Sie!***

# Packliste

## Geld & Finanzen

O (evtl.) Auslandswährung

O Bargeld

O Bauchtasche

O Brustbeutel

O Bauchtasche

O EC-Karte

O Kreditkarte

O Notfall-Telefonnummern der Banken

O Portmonee

## Hygiene

O Haarbürste / Kamm

O Deo (klein)

O Shampoo

O Kulturtasche

O Sonnencreme

O Taschentücher

O Reise-Zahnbürste und Zahnpasta
O Verhütungsmittel

## Kleidung

O Badeklamotten
O Gürtel
O Hosen kurz / lang
O Mütze / Cap / Hut
O Pullover
O Regenjacke
O Schlafanzug
O Socken
O Sonnenbrille
O Sportklamotten / Jogginghose
O T-Shirts
O Unterwäsche

## Medikamente

O Blasenpflaster
O Anti-Durchfalltabletten
O Erste-Hilfe-Set

O Fiebertabletten

O Fiebertabletten

O Mückenschutz

O sonstige Medikamente

O Pflaster

O Kopfschmerztabletten


## Unterlagen & Papiere

O ADAC Unterlagen

O Adresslisten für Postkarten

O Krankversicherungsnachweis

O Stadtplan

O Führerschein

O Unterlagen für die Unterkunft

O Wasserdichte Hülle für Reiseunterla-
gen

O Impfausweis

O Mietwagenunterlagen

O Personalausweis

O Reisepass

O Reisetagebuch

O evtl. Studentenausweis

O evtl. Visum

O Zug- / Bahn- / Flugticket

## Taschen & Rucksäcke

O Koffer / Trolley / Reisetasche

O Regenhülle für Rucksack

O Rucksack

## Schuhe

O Badeschlappen / Hausschuhe

O Schuhe und Wechselschuhe

## Sonstiges

O Brille / Kontaktlinsen und Etui

O Buch zum Lesen

O Ohrenstöpsel und Schlafmaske

O Regenschirm

O Reisedecke

O Wasserflasche

O Wörterbuch

## Elektronik

O Digitalkamera
O Handy
O Ladekabel
O Kopfhörer
O evtl. Steckdosenadapter
O Power-Bank

Herstellung und Verlag:

BoD – Books on Demand, Norderstedt

ISBN: 9783749469918

© Laura Blumenberg 2019

1. Auflage

Kontakt: Psiana eCom UG/ Berumer Str. 44/ 26844 Jemgum

Covergestaltung: Fenna Larsson

Coverfoto: depositphotos.com